时尚历史

时尚历史

时尚历史

闺阁里的那点春风

姜鹏／著

故宫出版社

时尚历史

图书在版编目（CIP）数据

闺阁里的那点春风 / 姜鹏著.—北京：故宫出版社，2011.12
（时尚历史）
ISBN 978-7-5134-0212-5

Ⅰ. ①闺… Ⅱ. ①姜… Ⅲ. ①女性-社会生活-中国-古代-通俗读物 Ⅳ. ①D691.968-49

中国版本图书馆 CIP 数据核字（2011）第 254276 号

闺阁里的那点春风 | GUIGELIDENADIANCHUNFENG

著　　者：姜　鹏
丛书策划：刘　玮
责任编辑：刘　玮
装帧设计：赵　谦
出版发行：故宫出版社
地址：北京市东城区景山前街 4 号　邮编：100009
电话：010-85007808　010-85007816　传真：010-65129479
网站：www.culturefc.cn　邮箱：ggcb@culturefc.cn
印　刷：保定市中画美凯印刷有限公司
排　版：保定市万方数据处理有限公司
开　本：787×1092　1/16
印　张：13.25
字　数：174 千字
版　次：2011 年 12 月第 1 版
　　　　2011 年 12 月第 1 次印刷
印　数：1-3000 册
书　号：ISBN 978-7-5134-0212-5
定　价：32.00 元

序　撩拨闺阁

闺阁是个很神秘的所在，因为历史总是羞于将女子的世界展现在我们这些现代人面前。所以闺阁呢，便缥缈得叫人浮想联翩，一切优雅的，美丽的，端庄的，妖媚的……都可以上演。

只要那些被囚禁的女子们在属于她们的世界里欢笑着，精致着。

当我们看腻了电视剧里古代的姑娘们大咧咧走上街头与人随意飙诗，纵情打马豪饮之余，就不妨钻入古书字里行间，去探索那些珠帘之后，罗帐之内的小精致与那些属于古典的快乐。

那快乐便是，闺阁游艺了罢。

据我所看到的资料，能最早追溯出来的闺阁游艺应该是半坡时期。因为在半坡遗址的发掘过程中，在152坑发现的墓主人的左侧有三枚磨制的非常精致的石球，同时还有一枚陀螺。其墓主人是一个只有三四岁的小姑娘（哀悼）。这是一个何其混搭的组合。因为在那个何其久远的时期，石球是用来砸伤大动物小动物，然后大家群起追而杀之，分而食之的用具。放在一个小姑娘的墓里，或者是一种期许，希望彼之灵魂长大成人之后也能捕获野兽，就和秦始皇期许自己在地下还能统率三军，所向披靡一样。而又或许是小姑娘生前很爱不释手的东西吧——请容许我十分不厚道地想起“魏武王常所用戟”。无论是什么，对照着和它在一起的陀螺而言，它是一种游艺的道具无疑。就和现在的小朋友喜欢拿着芭比娃娃给她们精心打扮一样，是一种对成年人生活力所能及的模仿。

考古学常常尽力地给我们还原祖先们的生活方式，这是我们探究古人的一个最切实的依据。彼的存在一直提醒着我们，这个世界已经变化了。

于是我所强调的是，日后我要讲究的这些快乐存活于中国人特有的韵味之中。

所以，便应当有出现这样一篇文字的必要。

作为文章的小序，是为了讲述写本书所没有讲述而需要被人知道的事儿，有人叫这个为历史环境或者知识背景都是没所谓的，只是期望能将看书的人们引入到那个妈妈的妈妈的妈妈的妈妈的……时代里。或曰：时光穿梭机，也，OK 啦。

在中国古典文化当中，男女阴阳，夫妇乾坤本是将男女作为等量齐观的存在看待。然而如果把这个作为历史真相的话，那么大同社会便在不远的正前方了。隐藏在厚厚的黄卷中的历史真实是记录着女子行为规范的《女诫》、《女则》，是动辄得咎的“七出”，还有一座座埋葬无数红粉白骨的贞节牌坊。

“关关雎鸠，在河之洲，窈窕淑女，君子好逑。”《诗》第一句，便愉快地吟唱出男女之根本。而能匹配君子者，是窈、窕且淑的女子。这里最经常的解释便是善良而美好的女子。然而我们就其本意而言，《广韵》说：“善心曰窈，善色曰窕”，《尔雅》又释淑为：“善也”，便可以近距离地接触到在古人心目中喜欢的女子的样貌了。

三个“善”组成了红楼谶语一样的“好！好！好！”历代男子们便任意地在这善上做了道德文章，一直到“女子无才便是德”。

于是，中国古典女子的面目似乎恐怖了起来，仿佛挂在历史博物馆里正襟危坐的画像，褪去光艳的红妆，任由画师涂抹了苍白深红的，装点上凤冠霞帔的妇人们。

想到就不寒而栗，真是不知道古代人怎么产生了那么多古怪的念头。所以本人在下我拨弄着扑面而来的历史的尘埃，试图点亮出一条通往古代女子世界的道路。这里有苦涩有欢乐，有今人传承了一切的悲欢离合，也有古人秘密缝在龙凤袍脚的春秋笔法，等等等等，不一而足。想来在现今到处都是文字飞扬，知识爆炸的世界里，诸公观我书者会有一部分懒得再去翻弄那一些渐行渐远的古代文字，不枉我姑且辛苦一番。

于是，我先来说说《列女传》这个被认为是中国古代女子历史的东西吧。

记得应付高考前，大多数人会把一种叫做文学常识的知识进行归类总结，本人在下我就在自己的本子上大笔一挥地写道：“《列女传》，作者，汉代刘向。”并以此为标准答案出入各大考场，所向披靡。然而，当本人在下我学着别人假装斯文的，也去找本《廿五史》读读时，才被无情的知识就是力量击中了小心肝，抽搐地倒地不起。

原来，刘向之后更有人。

原来，答案从不是唯一。

传说，《列女传》的产生和赵宜主的女人有关。这个名字如果改作“旺夫”，也许更适合进入我们今日所想象的贞洁烈女行列（这个烈和《列女传》的列还真是俩字，但是后来常常被混淆而成为纠错的重点对象）。当然了，她还有一个更为人知的名字，叫做，赵飞燕。

提及赵飞燕，很多女孩子要很羡慕嫉妒恨吧。一个能在掌上舞蹈的女子，轻盈得仿佛一只不染凡尘的仙子。可惜，这一切都是浮云呀。“凉风起兮天陨霜”，她的地位很快被丰腴的彼妹赵合德取代了。一般失宠的妃子会做很多事情来挽回帝王的喜新厌旧，比如送一缕长发表达别无可赠，唯有青丝系君（环肥燕瘦的前者就成功的使大唐天子三顾而转）。或者写一首“梦里听到你的低诉，要为我筑爱的宫墙”（“忽寝寐而梦想兮，魄若君之在旁”——《长门赋》）；再或者有倾国之权，只需莲步轻移，便可以使得圣明神武皇帝陛下把一切罪责推脱给臣子，笑脸相迎（“我初无此心，皆上官仪教我”）。摆在赵飞燕的面前有如此多的路，没有贵妃的丰腴，没有司马相如的文笔，没有武则天的权力的彼却选择了另外一条另类的道路——给皇帝陛下赠送了一顶又一顶的绿帽子。

真是彪悍呀！

这种 open 到极致带有一些报复性质的方式不单招来的是皇帝的注意，更是引起朝野非议。按理说后宫这事儿是皇后来权衡掌管的，可是皇后自己不检点，就还有管她的地方，那就是光禄勋。光禄勋是做什么的呢？就是用来专门掌管宫廷门户、杂务之类的事情。赵皇后秽乱宫廷，召壮硕美男淫乱无度，是宫廷门户的大问题。可是怎么管，要注意，作为臣子，不可能找到皇后思想教育一番，这个时候，刘向就出现了。刘向当时的职务是光禄大夫。所谓，“光禄勋属官有大夫，掌论议”。他的义务就是和皇后长篇大论一番。而有故事采集癖的刘向（《新序》、《说苑》就是证据）采取了一种讲故事的方法，兢兢业业地写出了我们绕了一大圈想要介绍的这本《列女传》。虽然这东西对于皇后赵飞燕并没有起到任何作用——绿云压顶的汉成帝最终没有过了美人关，一旦感念旧欢，此事便草草收场。最后的赵飞燕，还是站在了女人与男人角逐中胜利者的那一方，笑而不语了。但是他将形形色色的女子入史，写成了一部指导女人之所以成为女人的史书，这种开创之功，是无心插柳柳成荫的意外收获吧。不过对于今日被人们默认为文学家、目录学家的刘向，意外收获也太多了。

这种创举为很多当时或者后世人所应用，当然，这些都不是讲述女同胞自己的故事，而是一种男子对于自己想象中女子应当如何的描摹和规范。这种标榜很快被史书吸收借鉴，南朝宋范晔的《后汉书·列女传》这种带着一种男权主义的、儒家的、审美趣味的、群体性女性传记便堂而皇之地成为了史书的一部分，从此而后，无论是《隋书》、《新唐书》、《旧唐书》，还是《明史》，都一脉相承了《列女传》的设置，总算是为被历史忽略又忽略的女性留了一席之地。

这就是我们可以管中窥豹见到中国古代女子的最正规最正经的记载了吧。翻阅每部史书的《列女传》（这其实用不了多少时间）可以发现很多叫人深思的结论。比如它被设置的位置就是其一。《后汉书·列女传》被安排在本书八十篇列传之第七十四，居宦者、方术等传之后，仅先于外族的东夷、南蛮、西羌、西域、南匈奴与乌桓诸传。女子仅仅比四夷蛮邦在前面一点。这样的设置只能说彼时女子的地位在历史的长河里占有十分不重要的地位。而《北史》、《新唐书》、《明史》等书的《列女》位于《佞幸》、《奸臣》之前；《魏书》将《列女》提至《恩幸》、《阉官》之前，也只是史官是非观的分辨而已。

女子天然的等而下之完全反映了在史书中，女子非有非常人所为才能入史的特点。尤其是被封为古代女子典范示例作用的《列女传》，看其中女子面目，大多数是在生死攸关之际选择了牺牲或者被牺牲自己。于是在本应温暖的绮罗帐中，却经常上演血溅当场的戏码。讲一个比较惨烈的故事来吓唬一下阅读到这里的你们，因为我在翻史书的时候确实被这个女子吓到了，她就是上官氏。上官氏，这个连名字都没有的人有一个名字很容易记住的丈夫：灵龟。好吧，她丈夫的全名叫做李灵龟。其实也是个贞观年间的好官啦（“为政威严，盗贼不发；凿永济渠，通新市，百姓利之。”《旧唐书》)。所以我们说，物以类聚人以群分，灵龟不幸挂掉的那一年，上官氏在处理了一切应该处理的事情之后，面临着一项重大的抉择：改嫁或者不改嫁，这是一个问题。是奔往更加美好的新生活，还是在别人的同情与叹惋中无限挣扎；是一咬牙名垂青史，还是在那个大唐盛世做个快活的人……这一刹那的抉择涌上心头的时候，上官氏终于选择了对自己狠一点——她是个要名垂青史的人，因为她的丈夫是个有义烈之名的人。好吧，于是就困守穹庐，过着纺织数棋子的日子吧。可惜她身边围绕着好多有爱的好心人，劝她改嫁了吧，一切都会好起来的。一个贤淑节义美貌青春尚存的女子在大唐那个女子守节还不那么流行的朝代里确实面临了太多诱惑。为了和诱惑决绝，她便决定挥刀……割鼻。确定我说的不是割席而是割鼻吧，因为我很快发现了附带产品，她的一双耳朵。这是怎样大的勇气和信念，才使得她能拿起刀子来毁损自己的花容月貌。好在，不久之后，她便也死掉了。我说“好在”二字，是发自真心地觉得死亡对她而言是一种更为坦然的结局。她使别人活在了自己的残忍里，使自己时刻撩拨着“节义”二字的残酷。

也许，这种坚贞来自一种彼此双方的情谊——我一向不乐于刻板化古人，尤其在唐那个年代里。但是这样骇人听闻而被炫耀地记录在史册里的故事实在是太多太多了。而且呈现出随着时间的推移愈演愈烈的趋势。全其节、守其贞是这个社会强加给女人的道德规范，而不再完全出于一种夫妻间真挚的情愫了。

或许可以再说一个，来证明我的上述观点。这个事情发生在明代。这个依旧没有名字的女子姓程，请原谅我不厌其烦地记录下她们的名字，因为这样的女子总该值得人钦佩她的勇气。她的丈夫，一如既往地要死了。不知道是何缘故，总之程氏割下了自己腕上的肉给他吃。我个人揣度估计应该是药引之类吧。古人拔刀割肉的事迹比比皆是，我们且不要太着急大呼残忍。不幸的是，她的丈夫胡尚䌹已经无法吞咽，一命归西。这个时候她尚有四个月的身孕。放在现今，大家一定要劝这个女子节哀顺变，不要忧伤过度等等之类的话。事实上，大家也劝了，劝的第一句话是，你不要自杀啊！要是个男孩子，你就有活下去的理由了。大致上中国人还是乐得劝其生，不乐劝其死的。可是程氏却坚定地说，要是生个女孩儿，还白白耽误这么多时间，赶紧麻溜叫我死了吧。原来夫死从之于地下是何其深入骨髓的一种信念，竟比活下来更值得叫人鼓舞信念。于是半年后，即便她诞下男婴，还是毅然决然地决定饿死自己。没有人能阻止这种疯狂的想法，也没有人想阻止这种疯狂的想法，只有彼婆母提醒她还不曾和亲生父母告别，她便喝了点米汤，熬到与父母弟弟诀别了。情何以堪啊！继而，她为自己算了一卦，觉得八日九日十日都是好日子，便命令自己那天死掉了。这是何其强大的愿念。哦，最后还要说一点还记得我们刚才说过她割下左腕要给她先生吃掉的肉么？既然没有吃掉，便嘱咐家人用灰和上，敷在手腕，保存一个完整的自己。

再讲一个这样血淋淋的故事，估计作为读者的你也要抓狂了吧。因为，笔者就是在这样抓狂的一个个的事件中瞻仰着一个个贞洁烈妇的。

不！这个世界本来不是这样的，刘向那个时代，我们还看得见一个个光辉的母性形象，她们代表着睿智与预言，无论是开篇的舜之二妃的聪颖贤惠，还是定姜送未婚儿媳改嫁的豁达慈爱，还是文伯之妻敬姜对于丈夫的辅佐，女性的智慧之美俯拾皆是，叫人渴慕不已。虽然她们也会忠贞，也会殉难，但是，她们不愚。随着女性逐渐退出政治舞台，忠孝节义逐渐为浮名所累，服从与群意识的第一位逐渐被宣扬，中国女子便逐渐变成了一种属于某一特定男子的附属品，她们生活的目标是我们手头血淋淋的《列女传》，她们有七出保护维持着她们的婚姻，她们有足禁，限制着她们的活动范围。她们生存的指南则是《女诫》、《内训》、《女论语》、《女范捷录》（“女四书”）、《女儿经》、《闺范》、《教女遗规》

等如此之多的规诫，使得她们行动有参照，举止有约束。待人接物，衣食住行，都有指点，就仿佛一个教习嬷嬷，把无数不同风姿的女子规范为统一的模样。比如《女论语》这部书，从年幼需要的教育到吃饭喝酒，到服侍父母姑舅，以及最重要的丈夫，到教育子女，接人待物，到最后的夫死守节，可说是规划了一个女子的一生。看起来似乎很有裨益，但是普天之下以此为圭臬，女子必然诵习，则不免千人一面，叫人觉得人生不过如此了。

以上这几本书，大多出于女子之手，她们的身份有皇后，有贤母，有孝妇……她们对于怎样做好女人有着深远与深刻的认识，这些指南在今天看来也还是有很多指导意义的。有人说，她们像男人一样思考，在思考自己的立身之地，这似乎也有一些道理。在我看来，这些劝诫，指导的书籍还是要随着代降而变得趋于男性利益。

从《列女传》到《教女遗规》，这是一条十分漫长的路。女子从一种孕育万物的地位，变成一种柔顺服从，这是怎样的代变，于是我想抽出手中的一卷书来高声诵读，使得作为读者的你来了解一个父亲对于女儿的定义。

> “古者，生女三日，卧之床下，明其卑弱，主下人也。弄之瓦砖，明其习劳，主执勤也。斋告先君，明当主继祭祀也。三者盖女子之常道，礼法之典教矣。” ——《教女遗规》

一句“古者”，就意味着这些都是古代人的做法啊，和我们虽然没有一毛钱的关系，但是还是要遵守的。这是中国古人的一个特性，而实际上，是一种实践出真理的变相认识。这里说到了一个很重要的典故，就是弄瓦之喜。弄瓦这事儿说起来是来自《诗经·小雅·斯干》，上面说：“乃生男子，载寝之床，载衣之裳，载弄之璋。其泣喤喤，朱芾斯皇，室家君王。乃生女子，载寝之地，载衣之裼，载弄之瓦。无非无仪，唯酒食是议，无父母诒罹。”这两句话的大体意思就是生了男孩子，把他放在床上，为他穿上衣裳，把美玉给他把玩。他哭声这样洪亮，希望他有一天会穿上黼黻，去做君王。生了个女儿呢，就放在地上，包上褓褓，给她一个纺锤。希望她顺从帖服，做事不出格，只对酒食之事操心便是（典型的主内论），也不要使父母忧愁。这是一首有些类似“恭喜恭喜恭喜你”的庆贺歌曲，给孩子一些善意的祝福，在那个农业文明尚不发达的社会里，男主外，女主内，分工均衡，各司其职也是题中之义。只是被经学家们字字珠玑地剖析则得出了女子天生卑贱的结论叫令人觉得无法理解——其实，放在唱歌的古人身上他也无法理解。怎么好好的祝贺人家生个女儿就变成了遗憾的骂闲街了呢？其实这事儿还是和床这种从坐具到卧具的演变有关系。其实今天我们都被普及了，床是类似于坐席的这样一种椅子，是说“安身之坐”，所谓“在下而安者也”。继而，我们还知道有一种修辞方法叫做互文。这下就很清楚了，祝辞的人就是形容了一下生了孩子以后的动作，放在矮的地方，别叫磕着碰着。至于说弄璋弄瓦，虽则后世觉得美玉无价，纺锤廉价，但是在春秋战国时期，两者的价值差不会有后世那么大。美好的寓意随着语境的逐渐不同，就导致了像刚才我所诵读的《教女遗规》里那位爸爸所理解的，女孩子就是卑下的，所以要扔到地上。这是误读么？还是那个环境本身就导致了这种解读的合理性？

不过怎样也好，大致我们所知道的，女人是存在于生育、持家、地位低下这三种特性之间的特殊生物。在她们与外面的世界被人为地造就了一道若有若无的隔膜中，她们努力地摆布着自己的这小小方圆。这个小小方圆，被我们安上了一个好听的名字，那便是闺阁。而在这个如是狭窄的空间里，却间或有着她们的小乐趣、小情趣。这些“小”之所在当然不会记录在皇皇史册之内，只是隐藏在小词艳诗的字里行间，上演于杂剧昆曲的水袖青衣之侧，漂浮在小说笔记的谈笑之内，搁浅于墓穴残垣的墙壁之间叫人去猜测，去思索，去臆想吧。

这些是写在我们去探看闺阁里的游艺前面的话，只有了解到了这么多禁忌，才看得到带着镣铐舞蹈的伊们是怎样的美丽，怎样地探索着属于自己的世界。

我今天所要写的这本书，主要目的在于使得诸位看到那小乐趣中的一部分，那便是，游艺——古代女子闺阁的游艺。那些在绣花鞋的柔软中，在窄小的闺阁内所能消遣的游艺。它包括着王公贵胄的“镇日无心镇日闲”，也包括着小民小户的茶余饭后，从女孩的呱呱坠地到嫁为人妇，生为人母，请允许我去淘洗那些淹埋于历史尘埃中的秋千、团扇、金钩、蹴鞠……使它们得以鲜妍地呈现于您的面前吧。

目录

时尚历史

闺阁里的那点春风

斗草、扑蝶、鸣虫、投壶、双陆、马球……沿着这条与伊们共同成长的游艺生长线，带来了女儿家的那一点子清纯爽嫩的小欢乐、那一点子活泼泼的小心思、那一点子摇曳出美好的环佩响……请翻开这一幅薄雾中渐行渐远偏又风情摇曳、古雅丛生的立体画卷吧。

记得那时年纪小

杜丽娘唱，“我一生爱好是天然”。可叹天然是什么？在豆蔻期的小女孩并不是那么清楚的吧。我们只是在懵懂中有一个自己的后花园，这花园里有着我们在童年的无数陪伴，也许是一两只陀螺，也许是三四丈的风筝线，也许是手指上还没来得及擦去的草痕，更也许是三两声昆虫留在记忆里的鸣叫。那些，便是明晃晃摆在闺阁里的天然，那些，便是若干年后想起，却再也回不去的彼岸。

那一年，我们都还是上天的赤子，我们在原野间依仗着年少而肆无忌惮，我们虽也默默地念着一两声《女则》，但是转眼间已经被蝴蝶捉去了视线，毫无忧虑，毫无挂牵的闺阁里，有那么一刻，曾经活泼泼地撼动着快乐。

那快乐穿越千年的时光，悄悄地留在今天一两声，于是，我们便把时光那侧的她们叫成了我们。

手指间的鲜绿——斗草的快乐

提笔写这样一页的时候，我的手边正放着一枚仲夏的落叶。轻轻地扯去叶掌，用剩下的叶柄和手指博弈着，忽然想起，好多年不曾有人在另外的那一边咬牙凝眉，鼓起腮，对峙着了。

每一个不再拥有斗草对手的成年人都是折翼的天使呀，以及等等。

对于红楼有着深切热爱的同学们对刚才咱家的煽情必然带有着猜想和鄙夷。猜想来自大家彼此间不同的童年记忆，鄙夷是因为对照着红楼的字字句句：“芳官、蕊官、藕官、登官等四五个人，大家采了些花草来，兜着坐在花草堆里斗草。这一个说：‘我有观音柳’，那一个说：‘我有罗汉松’。那一个又说：‘我有君子竹’，这一个又说：‘我有美人蕉’，这个又说：‘我有星星翠”，那个又说：‘我有月月红’……”来看，斗草压根就不是咱家所说的这回事儿啊。所以感叹，笔者你可真是鄙陋啊！莫非连红楼都不曾读过？

事实上在这个小资者必读《红楼梦》的年代里，伪文化主义情调论者的咱家也曾经日习夜诵，揣摩其中的字字句句，思考曹老先生这一段斗草是否在影射康熙朝的什么个太子，什么个纳兰。扶额，这貌似是刘心武老师的专业，便不去抢彼之饭碗了吧。

其实我要讲的是，斗草这种游戏的形式是五彩缤纷，多种多样，非常可乐的。

何以见得?

咱家慢慢说来。

这要从“文斗”、“武斗”这两个当行术语说起。这两个词在上个世纪六七十年代响彻大江南北，可是今天我们说的这个可和那件事儿没一毛钱关系。不过可以参照地想一下，那就是，武斗是肢体上的拉扯，而文斗，则是思想上的碰撞。所以，咱家上述是“武斗”的一种。而曹雪芹公所谓，是“文斗”的标准做法。

咱家是个很喜欢追根溯源的人，所以也劳烦诸位随着我一起去攀爬到斗草这种游戏的源头，去看看彼之由自，便可以知道为什么同样是斗草，差距怎么就这么大呢。

古人和咱家有着同样的爱好，所以他们已经替我们大家准备好了一个现成的答案，那就是——斗草，来源于西施。通读历史课本的我们必然知道人民，只有人民才是创造的历史的根本。但是攀附古人不单单是阿 Q 公的喜好。明人《词林海措》上记载着：“吴王和西施常作斗百草之戏，故刘禹锡诗云：‘若共吴王斗百草，不如应是欠西施’。”显然他深深地误解了刘禹锡。这首全诗的名字叫做《白舍人曹长寄新诗，有游宴之盛，因以戏酬》，白舍人曹长这个人看起来很神秘，其实他就是大家熟悉的白居易而已。统观全诗，看上去和斗草关系并不大，就是想象了一下白居易送给他的诗里所表现出的游宴胜景。虽然我们可以看到斗百草是当时唐代时兴的游戏，但是“吴王”和“西施”显然昭示的是一种游戏规则，和“我有罗汉松”、“我有君子竹”是一个意思。这个规则我们后文还要提到。

打破了这样一个神话，我们可以去看看最早斗草的源头了。

斗草，亦称斗百草。这是个发生在五月初五节日里的游戏。南朝梁人有“童子学士”之称的宗懔写了一本叫做《荆楚岁时记》。之所以提到他这样一个外号，是想使这个善引典故的人为下面的结论佐证。他说：“五月五日，四民并蹋百草，又有斗百草之戏。”五月五日是个什么日子呢？很多人都觉得这是个屈原一跳而成的节日。而事实上，五月五日在屈原惨烈的一跳之前便存在着。这个日子并不是个好日子，被称为恶月恶日。先民们认为这一天到来，各种毒蛇害虫就都跑出来为害人间了。蛇、蝎、蜈蚣、壁虎、蟾蜍这所谓五毒，再加上天气炎热疟疾横行，它们生存的高峰期对于那个医疗卫生条件都十分不好的农耕业时代有着巨大的威胁——不过话说回来，即便是在今日，过了端午节，便意味着夏天来临了，咱家最讨厌的蚊子也该出现了，确实叫人很讨厌呀。先民之不能受，今人之不能忍，有一个更好的主意，那便是，洗澡吧。

好吧，您别笑，这是真的。除了用药草洗澡，还有喝菖蒲酒，用雄黄涂在鼻子耳朵上。这些多少在今日之端午还能看到影子的习俗所需要的便是，百草。

终于说到正题上来。先民一定不会和我们一样到药铺里随便刷刷医保卡，提一袋子药回来。先民们要做的是到山上漫山遍野地去寻找，这个可以用，这个很好，这个很臭……看得多了，采得多了，便开始比较起来。我今天采了什么，你今天采了什么，活跃了彼此见面的尴尬气氛，也彼此更熟悉了怎么样的草有怎样的用途，什么样的名字。这就是所谓的文斗了。

解释当然可以这样解释，但是您千万别忘了咱家在开篇就提醒您观看的：在古典的背景下，便可以看到这种文斗的优美与精致。

精致与优美往往藏之于那些优美的词句中。借着这些优美的词句，顺便进一步将“斗草”这事儿娓娓道来吧。

因为这种游戏精致又有趣得紧，于是它大量地被记载于诗词中间。何以见得，我试着佐着古曲《阳春白雪》诵读如下这首：“燕子来时新社，梨花落后清明。池上碧苔三四点，叶底黄鹂一两声，日长飞絮轻。巧笑东邻女伴，采桑径里逢迎。疑怪昨宵春梦好，元是今朝斗草赢，笑从双脸生。”便在音阶之上生出些美丽的画卷。

词是“太平宰相”晏殊写的，无论是燕子之墨色，梨花之雨后初谢的晶莹还是池上苔的碧色，叶霞黄鹦鹉之嫩色，滚滚飞絮的轻柔都透露出春的一点点儿勃勃的生气，如是还不算，那拈过奇花异草的纤指灵动地从衣袂间间或出现，只是采桑至于偶尔的一次斗草，便胜似昨夜梦里不胜凉风的娇羞，道一声好时，笑眼已经弯成了月亮的形状，落在词人眼中，置之千古。

其实我一直觉得词是不堪解的，反而是个人从字里行间读出些个人的东西。比如咱家除了在脑中 yy 了些画面外还读出了斗草的时间、地点、人物这三元素。推而广之，也便讲讲这文学三元素好了。

时间，请原谅我再一次唠叨地说出五月初五端午节这样一个节日。因为继而我要告诉你，除了这个日子以外，好玩的游戏被中国人推而广之到了暮春、仲夏，寒食、清明……这些有着花花草草的季节一例可以玩。

晏殊那词便明明白白地告诉我们说宋人已经在玩嗨了的唐人之后把斗草运动扩展到了清明和春社这两天。到了明代万历年间更可出现于天气明媚的春的任何一天，但是我们比照一下从先提到的至明清女教愈盛的社会环境来看，对于明代女子而言，这游戏也不会随时随地地进行。即便，这也似乎宣告着这种游戏赫赫然受欢迎的地位。

再说说地点。这里说是在采桑回来的路上看到那开心的人儿。可见，这游戏是发生在田间地头的，人民群众喜闻乐见的活动。其实，在以往的诗词中我们还可以看到斗草的发生地点常常是“阶下”、“庭中”。例如晏殊他儿子晏几道说“斗草阶前初见”（不知道是这爷俩都挺热爱斗草这项活动，还是斗草的女孩儿显现得别样可爱。），南宋末隐居了的柴望的《念奴娇》说“斗草雕阑”，同样在宋末元初隐居了的陈允平《永遇乐》说“斗草庭空”，元代的一直很忧郁一直在游历的仇远在《好女儿》说“把西园、斗草芳期阻”。都是在一个小小的世界里展开了自己内心的世界，在美的世界里游荡。以上罗列的许多词句确乎是为了明证着斗草的地点。然而咱家想表达的更深层的含义便是，也许只有斗草这样温馨的小时刻才能温暖那些国破家亡双泪暗的心吧。因之，闺阁的游艺很美，美在一种温暖感。

最后来说说人物。很简单，自然是小女子。其一派天真烂漫，一笑的清新，给人心中自然定位为少女。是的，斗草这个活动实则是发生在小孩子间的。豆蔻年代的孩子是最乐于观察自然，也是最有闲暇的。我们上述所援引的词，大多是从男性的视角来看这些可怜可爱的少女。她们或出现于男子的初恋，或失散于杨柳岸晓风残月，在花丛草间的萝莉们，真的是鲜妍娇媚呀。她们的地位无论是邻家妹妹，傲娇公主还是聪颖小宫女，都叫人觉得需要给予一种宠溺。

这种斗草方式需要多是草木鸟兽，这个属于读《诗》的初衷被带入闺阁，一种雅化也就自然孕育在斗草的游戏中了。游戏规则有时以百步为限，在这范围内所找到的草的种类彼此形成对应的关系，“君有麻与枲，妾有葛与藟。君有萧与艾，妾有兰与芷。君有合欢枝，妾有相思子。君有拔心生，妾有断肠死”便是了。当然，亦有专门斗草之繁富的，那时之汪洋则又可观可叹了。

文斗，每每伴着士大夫们的雅趣呈现在泛黄的纸上。而武斗，则并没有因为时空的间隔而退出历史舞台。武斗的历史有多长呢？我个人是觉得应该产生于文斗之前。原因在于，这种斗草方式的简单易学，天生自然。一个草长莺飞的日子便可以随意的折两支草来，相互勾搭，用力一拉，草茎或者花茎折断的便是输家了。

偶然间翻诗经，读到“采采芣苡，薄言采之。采采芣苡，薄言有之。采采芣苡，薄言缀之。采采芣苡，薄言捋之。采采芣苡，薄言袺之。采采芣苡，薄言襭之”时，忽然眼前浮现的是斗草的情景。虽然一直被教科书调教着说这是妇女求子的寓意（更早一些的教科书说表现了劳动人民的勤劳勇敢。表达了“生虽是艰难的事情，却总有许多快乐在这艰难之中”），但仔细想来，确是一个少女在春的明媚中准备斗草的全过程。伊小巧的身影在草野里蹦来跳去，奋力寻找着结实的草茎，寻找继而将草茎结起来，捋去上面的草籽，然后用小衣服襟一兜，便欢乐地跑去和朋友们相斗了。果然是恍然大悟啊！何等小女儿态，稚子的可爱跃然纸上。值得一提的是，芣苡这草现而今还随处可见，北方大约叫做车前子，而南方则叫做官司草。或者在诸位看官的童年记忆里依稀有这棵草的影子，也说不定的。

其实还有一种较为文静的武斗，说起来亦不能算文算武，却与女子息息相关，其实或可以命名为草卜的游戏方法。古代那个“不孝有三无后为大”的严酷理念会一直阴影到游戏当中。这个玩法是取三棱草茎一根，两人各持一端，劈为两半，至中心点后交换一股，再向两边撕拉，若劈成“H”形，预示将来生“小厮（男孩）”；若劈成“◇”形，预示将来生“丫头（女孩）”；若不成形，则预示男孩女孩都没有。这种斗草类似于一种巫卜之术，承载着女人们的惴惴不安与女孩儿们的凄凄惶惶。

无论是士大夫化了的文斗也好，充满了童稚的武斗也罢，这点点滴滴的欢乐事儿都从暖暖的闺阁流出来，带着叫人眷恋的香气，使人流连忘返地看着或者专注或者凝神的她们，指尖的那点青草香。

穿越的大门再次打开，这次邀请您去某一年的端午节去默默地围观那群得以出来游戏的闺阁女子们吧。对了，忘记说，端午曾有个好听的名字叫做“女儿节”。

设若你穿越成了儿童，撅着小屁股在漫山遍野寻找“草头”并不是你的过错，但是倘若闯进一个叫做金廷标的画师的视线，那便又是另外一番滋味。他必然要笑眯眯不动声色地去围观你天真无邪的神态。你的严肃认真、你的专心致志落在他的眼里，凝滞在他的笔下，呈现于清高宗的面前，他用盖过《快雪时晴帖》、《中秋帖》、《伯远帖》大印的双手奋力地对你存在的纸面施压，细腻的红色便太阳一样的存在在你的上方，你的呆样从此便被封存，不知魏晋无论有汉。这，也许并不是件快乐的事情。

是的，我刚才形容的是《群婴斗草图》的情景。有幸看到了全图的笔者一方面被上面孩童们形色各异所吸引，另外一方面，又忍俊不禁，甚是想一捏那几百年前的人类。画上居然把文斗武斗结合起来。一方面有几个孩子四处寻觅花草，一个红衣娃居然朝着黑洞洞的树洞努力地看，真不知道他能在那里面找到些什么。找到许多花草的蓝衣娃则倒在地上和对方比拼起来，旁边明白真相的围观群众看到其实褐衣娃的篮子里暗藏玄机。而一方面，两个小孩子却已经是了武斗，彼此拉扯，让人霎时觉得整个世界只剩下了他们眼中的那两根彼此纠结在一起的草。可怜稚嫩的小手哟。

好啦，这趟时光之旅是否满意呢？于是，是否再来一次？这一次去个高贵的地方吧！妈咪妈咪哄。睁开眼睛吧，很开心看到如此高耸的宫墙与有些南越风貌的宫殿吧？好吧，我，还是要很遗憾地告诉你，这一次你不是权倾后宫的皇后，也不是美貌绝伦的妃嫔，而是……小宫女。不过说起来这个时代的小宫女也许是幸运的。因为这个时代的开创者是：刘谦。好吧，我绝对没有想要把你带入魔术界的意思，这是一个一千年前真实存在的朝代，它的名字叫做南汉。到了它最后一任帝王的时候，可笑的事情就发生了。根据我们一般的观念，最后一任帝王大多是可悲的，不是写出“春花秋月何时了”，就是殚精竭虑最后自挂东南枝，可是这位仁兄是天然的排斥男子属性。他治理国家都委任给女侍中等人，宫女也可以担任参政官员（仰天，这就是传说中的女儿国么?），还有一位权倾朝野的女巫为其打点政事。而男子呢？大皇帝陛下的他认为有家室的人会为了子孙而不尽忠，所以臣属需挥刀自宫才会被录用。这是怎样的神奇的世界！这位把自己命名为“萧闲大夫”的帝王对斗草也有着特有的兴趣爱好，这个看起来很闲的人在春暖花开的日子里把所有的宫女们召集起来，表示这一年的斗草要斗出新意，斗出水平，斗出技术。这一天，宫中所有园林大门全部被打开，宫女们随意采摘自己需要的鲜花，一个目标，就是要新奇到对倒所有对手为止。总有人眼疾手快，总有人剑走偏锋，也总有人叹不如人。仅仅不到一个时辰，便召回所有宫娥进入大殿。这个时候，有太监把守门户，谨防有人在斗草的过程中溜回园林擅自采摘。其严格程度堪比科考。在里面斗草的人也不轻松，虽然是博皇帝陛下一乐的小游戏，却牵涉着每个宫女的命运。她们或者凭借偶一佳构而平步青云，或因某一祸从口出而跌宕沉沦，于是这场只是赢一场饭钱的比赛变成一场宫心计，至于其中又有怎样的故事发生，也大多随着南汉的灭亡而零落残红之内了。

有些淡淡的哀伤吧。当历史与现实被某些能够传承的东西架成桥梁时，这种种恍然不曾走远的与古人的心灵相通便不经意地出现了。

于是再穿越到那么一个不叫人哀伤的朝代去吧，那就是雍容华贵的大唐帝国。唐帝国里最璀璨的女子莫过于公主殿下了吧。虽则也有远嫁和番的文成公主那样的大义女子，但是一如太平、平阳昭这样傲娇的公主常常成为大唐帝国公主的剪影，留在历史的长河中。也许她们的那份与众不同的张扬气度，才是人们对大唐盛世那个如慈父一样宠溺女儿的时代的印象吧。

于是这一次就去那个骄纵的安乐公主身旁站立吧。

这是个春光明媚的端午，奇花异草展现着大唐的繁华。一个帝国的花园里花卉品种的繁复代表了这个王朝的富有与强大，并不是说它坐落在云南便可以召开世博会，而是万邦来朝的盛况注定造就了这个时代的斗草游戏的花样翻新。贵族们尚且在园中育奇花异草以供春时斗草，更何况皇宫之内珍贵无数呢。虽然这位从小也是过过清贫日子的，但是现今作为一个站在女孩子最巅峰，对于引领时尚有责任也有义务的公主如何可以输。可惜，一如女人的衣柜里永远缺少一件衣服，大唐的公主永远缺少的是一种奇草。叹口气，无可奈何的少女看遍满园花色只好哀叹为何姹紫嫣红开遍却只是庸脂俗粉。这个时候她脑袋中 bing 地亮起了一个人的名字。

后来吧，公主就在这次斗草中大获全胜了。

好吧，故事不可以这样讲，可是公主说出这个人的名字的时候大家一定会很诧异。这个人既不是当朝博学多智的长者，也不是她权倾朝野的父皇，更不是玉皇大帝太白金星，而是，谢灵运。这位在唐人心目中清新恬淡文风的代表者，自称天下之才子建八斗自己一斗，其他天下文人公分的天人一样的才子，和大唐公主已经有着几百年的历史间距了。绝非大唐公主蓄谋求仙草以求不败于世人，而是她看中了他身上的宝物——谢灵运的一口美髯。人面上生的草，尤其是文人面上生的草，尤其是大文豪面上生的草，那才叫天下无双。以皮面为土壤，以精气神来滋养，这样的新奇古怪再不会有第二个人能想到了吧。好吧，不要大为惊诧地觉得这位公主是鬼吹灯爱好者，其实要取谢灵运的美髯绝对不需要开棺露尸，只需匹马到去南海祇洹寺即可。生年笃信佛教的谢灵运得知自己将要被问斩的消息，便将生平最为珍视的胡须施舍给了祇洹寺，主持将之粘贴于维摩诘下巴之上。于是傲娇公主拔了维摩诘的胡子，抢占了谢灵运的美髯，风风光光地去参加她的斗草大会了。为怕别人和自己一样的古灵精怪（咱家个人觉得是如此变态吧）她将所有胡须全部收入囊中，这把天下文人视若珍宝的大胡子从此便不知所踪了。斗草之兴，叫人可怖可叹了。

斗草对于先民而言是一种自发性的娱乐方式，本身就处于原野，亦无攀折花木之嫌。从而多识草木，多知自然，那是一种无忧无虑的玩乐。这个游戏本身就蕴藏着中国人天人合一的深厚理念，至于花木多名、草树有典又是文化传承的一个重要纽带。它在闺房的寂寞中增添了一丝春意盎然，仿佛一缕明媚的风卷起帘栊，使得那些女子停了绣针，罢了女红，本真地贴近大自然，难怪诗人们愿意从不同的角度去描摹这些忘情的女子们。

踏春是中国古代最轻松烂漫的活动。斗草是豆蔻少年们最容易也最乐意玩的游戏之一。懵懂的情愫，罗衣正试单，闺阁里的游戏加入绵绵的情思，不免吟哦出女孩儿心事，心里口里念的是“君有麻与枲，妾有葛与蕌。君有萧与艾，妾有兰与芷。君有合欢枝，妾有相思子。君有拔心生，妾有断肠死。赢归若个中，输落阿谁里”。这也是斗草蕴含的更多不可言说的意蕴了。

当然，草木有本心，美人折之寄托了相思，却折损了彼之寿命。再加上不被礼教所容纳的那些儿女相思，因之遭到士大夫的讨厌也是应有之理。高则诚便在《琵琶记》里使老院公唱：“香径里扳残草色，雕阑畔折损花容。又无巧艺动王公，枉费了工夫何用？惊起娇莺语燕，打开浪蝶狂蜂。若还寻得并头红，早把你芳心引动。”这一唱，便把妇道压在斗草这小小的玩乐上，再想寻唐宋时期的争奇斗艳，也只好叹风雅远去，一个民族的童真不再。

时至今日今时，花似乎成为植物有性繁殖器官的统称的时候，“文斗”逐渐绝迹于我们还能记忆起的童年，而“武斗”间或还能在街头寻见一二叫人可以驻足观看半天的身影。在属于孩子们的游戏越来越多的年代，成年人的我们偶尔想一想手指间的鲜妍，似乎，也温暖了一下，那种温暖，属于家的味道。

斗草，在先秦的多识草木中孕育，在唐宋的繁华中绚烂，在明清的对仗中时现机锋，传承着细腻的胭脂味道的呢喃，倘若你愿意俯下身去品尝那点愉悦，就可以打开历史神秘的密码了吧。

不是我在劝你。

舞动的落花——扑蝶是一项很唯美的行为方式

《红楼梦》是一本大好的书。它好在那个原本不该生长在闺阁里的曹雪芹却偏偏生了一双默默地观察着女儿行动的眼睛。有的时候觉得他似乎很善于把一副一副的画卷连缀起来，在这足够美轮美奂的画卷上写着属于他自己的故事。精致也许不是他的苛求，但是批阅十载最终的呕心沥血却把闺阁活生生地留在了史册上。

作为本文的作者，之所以现在才提起雪芹先生，进而加以致敬，实在是因为倘若篇篇都“红楼”一下，作为读者的您必然会嫌弃我的唠叨又进而嫌弃我的愚，又进而嫌弃我的抄袭，最后扔下我这本书移驾他处。而倘若不提起他，又实在觉得绕不过这座高山。趁着写扑蝶之美的空档，真真切切地对此先生表示深挚的敬意，一鞠躬。

蝴蝶是中国人的梦境家园，自从庄老夫子搞不清哪一个是自己以后，蝴蝶便每每出现在中国人的梦里。其美丽斑驳，被古人认为是仙人遗衣所化；其轻灵飘逸，又是中国古典文化必不可少的意象。其春生夏死，蝉蜕羽化，都是中国人生死观的外化。蝶之越美，扑蝶之事则显得越为风雅了。

先来看看雪芹先生笔下的宝钗扑蝶。虽然您必定看过，但是，请容许我再简要地引述如下：

> 忽见面前一双玉色蝴蝶，大如团扇，一上一下，迎风翩跹，十分有趣。宝钗意欲扑了来玩耍，遂向袖中取出扇子来，向草地下来扑。只见那一双蝴蝶忽起忽落，来来往往，将欲过河去了。引的宝钗蹑手蹑脚的，一直跟到池边滴翠亭上，香汗淋漓，娇喘细细。

这一必定流传千古的片段之所以是为众人所熟知的，其主要原因在于宝钗此一扑蝶，其实扑出了千年来女子的风貌。

阳春三月，百花盛开，彩蝶飞舞，在花丛中扑蝶嬉戏，更是闺中女儿的赏心乐事。关于扑蝶嬉戏，最早的记载是唐代宫中宫人扑蝶以为戏。苏鹗《杜阳杂编》云："穆宗皇帝殿前种千叶牡丹，花开时，香气袭人，一朵千叶，大而且红。上每睹芳盛，叹曰人间未有。自是宫中每夜即有黄白峡蝶万数飞集于花间，辉光照耀，达晓方去。宫人竞以罗巾扑之，无有获者。上令张网于空中，遂得数百，于殿内纵嫔御追捉以为娱乐。迟明视之，则皆金玉也。其状工巧，无以为比。而内人争用蜂缕绊其脚，以为首饰。夜则光起妆奁中。"这是说五彩斑斓的蝴蝶是金玉所化，不免带有几分神秘色彩。清代史梦兰《全史宫词》咏此事云："千叶花开香色殊，夜深扑得玉腰奴。绛丝绊脚光生鬓，胜似滕王旧蝶图。"其实这则记载传递了一个信息，就是唐代宫中嫔妃宫女在春光明媚之际，常在花丛中扑蝶嬉戏。清代王初桐编著的《奁史》卷九十六《禽虫门三》中就说："三月三日，宫中诸妃悉扑蝶以为戏。"对于闲极无聊的嫔妃来说，扑蝶嬉戏是一件趣事乐事。唐代风流皇帝唐玄宗还有一段有关蝴蝶的风流艳闻。据五代王仁裕《开元天宝遗事》载，开元末，风流皇帝唐玄宗后宫女子多达四万，不知道怎么安排她们为自己侍寝服务，后来，唐玄宗想出了一个办法，每年春天的傍晚，唐玄宗一边喝着酒，一边将一群宫嫔集中起来，让她们头上插戴鲜花，唐玄宗则亲自捉来一只粉蝶，在一群如花似玉的后宫女子们面前放开。蝶性恋花，唐玄宗追随着蝴蝶走，蝴蝶停落在谁的头上，当晚谁就侍寝，陪皇帝睡觉。唐玄宗还不无得意地把这风流办法称为“蝶幸”。自从杨贵妃入宫，夺得皇帝的独宠后，这种风流办法才派不上用场，遂不复此戏，后宫女子只得独守空房自叹息。

大概是受“蝴蝶媒人”的影响，民间有一种“媚蝶”的习俗。《岭表录》载，鹤子草蔓上，春天生长着一种虫，越地女子将虫捉来养在粉奁中，像养蚕一样，用叶子饲养，此虫老后结茧，脱而为蝶，为赤黄色。据说女子佩戴此蝶，能使丈夫爱悦，故尔号称“媚蝶”。这与唐穆宗时后宫女子用绛丝拴蝶以为首饰一脉相承，蝴蝶美丽多彩，女子爱美，美女佩戴美丽的蝴蝶，自然是美上加美，让人怜爱喜悦。

古代有钱人家闺中少女足不出户，除了深宅大院，幽深闺房，最大的活动天地，莫过于府上后花园，春暖花开，扑蝶成了一大娱乐活动。明代黎遂球写了一部《花底拾遗》，会集名花，品评美人，描写女子置身花中的种种情趣，其中多处写到女子扑蝴蝶：迈着娇媚的步伐体态去到花园中，寻找娇媚的蝴蝶，用歌扇扑蝶，又用一缕青丝系住彩蝶，用玉替划破藏莰，藏入小蝴蝶，又将捉来的蝴蝶制成百蝶谱，还捉了两只花蝴蝶装在盒子里，准备送给邻家女子。美人戏蝶，融为一体，表达出女子的闲暇生活乐趣。元人赵岩在北门李氏园亭小饮，看到主人家的千金小姐追逐十二只蝴蝶，即席赋成《喜春来过普乐天》云：“琉璃殿暖香浮细，翡翠帘深卷燕迟。夕阳芳草小亭西。间纳履，见十二个粉蝶儿飞。一个恋花心，一个搀春意。一个翩翩粉翅，一个乱点罗衣。一个掠草飞，一个穿帘戏。一个赶过杨花西园里睡，一个与游人步步相随。一个拍散晚烟，一个贪欢嫩蕊，那一个与祝英台梦里为期。”全曲一一描写十二只蝴蝶动态，穷形尽相，自不待言。尤其把怀春少女期盼像梁祝化蝶故事那样成双成对的心境，写得余韵深长。

《金瓶梅》第十九回写吴月娘领着众妇人游赏新落成的花园，有的坐在绿茵上斗草，有的临轩对景，有的伏槛观花，有的下棋。唯有潘金莲在山子前、花池边，用白纱团扇扑蝴蝶为戏。陈经济悄悄在她身后观看，戏说要替她扑，笑嘻嘻扑近她身边来，搂她亲嘴。

千金小姐、深闺闲妇视扑蝶为戏乐雅事，小家碧玉也喜爱扑蝶游戏。清代扬州有个穷秀才，养有独生女童雪儿。这女儿生来喜欢蝴蝶，最热衷到野外去捉飞绕在花丛中的蝴蝶。在她家门外不远有一片草地，长满了青草，也盛开着野花，花香引来蝴蝶穿花盘旋。童雪儿常常一人跑去捉蝴蝶，轻手轻脚地靠近正停留在花蕊上的蝴蝶，伸出一只纤纤小手，飞快地一捏，就捉住了蝴蝶。她把蝴蝶放在一只纸盒中，带回家后，把自己的小屋门窗关紧，然后打开纸盒，放出里面的十几只蝴蝶，让蝴蝶在小屋里上下翻飞，她自己则坐在群蝶中，尽情欣赏，兴奋不已，有时觉得自己也变成了一只翩翩起舞的彩蝶，随着群蝶一同嬉戏，仿佛与彩蝶合二为一。看够了以后，童雪儿打开窗户，让群蝶重新飞回大自然。童雪儿伴着蝴蝶一起长大，她捉蝴蝶，看蝴蝶，也画蝴蝶，绣蝴蝶。她曾自画自绣了一幅《秋菊彩蝶图》，并在图上绣了一首诗：“无心开尔后，醒却繁华梦，有心难向日，底事翩赶蝶，风雨已重阳。甘为冷淡妆。无骨不凌霜。犹思艳晚香。”诗画写秋日菊花清香引来一群蝴蝶绕花飞舞，透露出一种生机。童雪儿还在自己的裙子的每一道折上绣上一只彩蝶，一共绣了一百只，每一只的色泽和姿态都不尽相同。她穿上这件奇特的“百蝶裙”，走到村里，风吹裙飘，彩蝶翻飞，仿佛一大群蝴蝶争相萦绕着童雪儿起舞，真是妙不可言，村里女子都羡慕得啧啧称美。童雪儿爱蝶如痴，日日与蝶相伴，母亲说她是“蝶痴”，父亲说她是“蝶狂”，还戏称她就是蝴蝶变的。

女子扑蝶嬉戏，也最受历代画家看重，以此入画，真是蝶美、人美、画亦美。中唐仕女画大家周昉，画史上称赞其善画扑蝶，名誉流转，千年后亦为人追捧。他的传世杰作《簪花仕女图卷》，有兴趣的可以上网搜索一下，那上面描绘的是庭院假山石前一株盛开的玉兰花，当然，花不是重点，花下还有一个贵妇，服饰华丽，肩披轻纱，酥胸微露，身着花长裙，满头大髻并簪以牡丹花，富贵逼人。两眉晕染如蝶翅，站立在花旁，手里捏着一只刚刚扑到的蝴蝶，就这样悠闲地对着它看了千年，好一副悠闲愉悦的神态。有幸的苏轼看到原卷，在《周昉画美人歌》中歌唱着：“深宫美人百不知，饮酒食肉事游戏。”这样的贵妇，这样的雍容，这样的闲适，又佐以这样的诗人，看起来，艺术永远比一个个体生命要永恒。

清代画家陈字绘有《扑蝶仕女图》，费以耕有《扑蝶图》，都用笔墨留住了女子扑蝶生活。

当然，从曹雪芹老先生笔尖活泼起来的那个薛宝钗也经常成为丹青圣手们描摹的对象。一千个人有一千个哈姆雷特，一千个薛宝钗有一千种扑蝶的妙态。改琦《红楼梦人物图册》之二《薛宝钗》、费丹旭《金陵十二钗仕女图》之二《薛宝钗》都捕捉住薛宝钗扑蝶的镜头入画，为传世名作。后来这种美不知道怎样就被男子也学了起来。难道美真的是没有国界种族性别界限的么？明代人物画大家陈洪绶也有一幅《扑蝶图》，画的就是长满胡须的男子扑蝶，读来忍俊不禁，却也别有情调。这个调调叫男人玩起来，总是奇怪的。不过那梦蝶的庄老夫子不也是男人么？翩跹着，永远是中国人的梦想，但是袅娜却总还是女子的专利。扑蝶，依旧是闺阁里的图腾一样的标志。

另外需要说的是花朝日，这一天是花的节日，而舞动起来的落花，则成为这一天动起来的快乐。

古时，每逢花朝，文人雅士邀三五知己，赏花之余，饮酒作乐，互相唱和，高吟竟日。纵观二三月间的传统佳节会发现，这一时期会有一系列游春的节日——春节拉开了迎春的序幕，花朝节前后构成游春的高潮。撰有名剧《桃花扇》的孔尚任，也曾写有竹枝词形容花朝踏青归来的盛况：“千里仙乡变醉乡，参差城阙掩斜阳。雕鞍绣辔争门入，带得红尘扑鼻香。”

宋时开封一带的花朝曾流行“扑蝶会”，是当时民间颇有趣味的游艺活动。在花节诸多的风俗之中，就数“扑蝶会”最盛行了，实乃因其为男女相会提供了大好的便利。文人雅士素好风雅，又将扑蝶会称为“壶蝶会”，规定凡想参加的人，必须自携一壶美酒，一碟好菜，且须有丽姝佳人同行，大家聚集在一起，举办自备酒菜大宴会，一边喝酒，一边吟诵诗词歌赋，同时还可以欣赏名花佳人。

中国是花的国度，在中国古代传统的岁时八节中，就有一个花朝节，也叫花神节，俗称百花生日。它的由来已久，最早在春秋时期《陶朱公书》中已有记载。至于“花神”，相传是指北魏夫人的女弟子女夷，传说她善于种花养花，被后人尊为“花神”，并把花朝节附会成她的节日。

据《秦中岁时记》载，过花朝节的习俗在唐代已经流行于长安、洛阳等地。《博异记》、《镇洋县志》还记载了一个美丽的传说：唐朝天宝年间，有位名叫崔玄微的花迷，远近闻名。某年二月之夜，一群百花之精幻变的艳丽女子入其花园，对他说本欲迎春怒放，可封姨（风神）出头阻挠，故请他帮忙解难。崔氏遵彼指教，置备彩帛，画日月星辰其上。二月十五日（一说十二日）五更时分，他将彩帛悬于园中的花枝上。届时果然狂风大作，但枝上花卉有彩帛护持，一朵也没被吹落。喜爱花卉者争相仿效，因以成俗。由于悬彩护花的时间必须安排在五更，故称“花朝”。

花朝节在全国范围内广泛盛行，始于武则天执政时期（690～705年）。武则天嗜花成癖，每到夏历二月十五花朝节这一天，她总要令宫女采集百花，和米一起捣碎，蒸制成糕，用花糕来赏赐群臣。上行下效，从官府到民间就流行花朝节习俗。在当时的长安城，正月十五的元宵节、二月十五的花朝节、八月十五的中秋节，这三个“月半”被视为同等重要的传统佳节。田汝成所撰的《熙朝乐事》一书中有明确的记载：“花朝月夕，世俗恒言，二、八两月为春秋之半，故以二月半为花朝，八月半为月夕。”但到了宋代，花朝节的日期被提前到二月十二或二月初二。据《广群芳谱》载：“东京（今开封）二月十二曰花朝，为扑蝶会。”《翰墨记》载：“洛阳风俗，以二月二日为花朝节。士庶游玩，又为挑菜节。”可见花朝节日期还因地而异。到清代，一般北方以二月十五为花朝，而南方则以二月十二为百花生日。这种现象，与各地花信的早迟有关。我国南北气候条件不同，南方比北方提早几天为节日是合情合理的。

花朝节一般在公历中的日期是三月份，大致在节气惊蛰到春分之间。此时春回大地，万物复苏，草木萌青，百花或含苞或吐绽或盛开，定其中一天为“百花生日”是十分恰当的。世界上像中国这样定出花的节日的民族是不多的，可见中华民族对花的热爱有悠久的传统。“百花生日是良辰，未到花朝一半春；万紫千红披锦绣，尚劳点缀贺花神。”清人蔡云的这首《咏花朝》就是民间庆贺百花生日风俗盛况的写照。吴自枚在《梦粱录》中对当时杭州一带的花朝节盛况作了更为详细的描述：花朝节这天，人们除了要游玩赏花、扑蝶挑菜、官府出郊劝农之外，这天还有女子剪彩花插头的习俗。明代马中锡《宣府志》载：“花朝节，城中妇女剪彩为花，插之鬓髻，以为应节。”到了清代，花朝节又有“赏红”之俗，顾禄《清嘉录》载：“（二月）十二日，为百花生日，闺中女郎剪五色彩缯粘花枝上，谓之赏红。”有诗云：“春到花朝碧染丛，枝梢剪彩袅东风。蒸霞五色飞晴坞，画阁开尊助赏红。”正是此俗的写实。众多的花农花贩，于此日会集花神庙前，杀牲供果以祝神诞，或演戏文娱神，引得成群结队的游客前来观看，形成热闹的庙会场景。好事者或择园亭胜地举办“斗花会”、“扑蝶会”，或于夜晚聚众提灯游行，谓之“花神灯”。《清稗类钞》中也载有慈禧太后于花朝节到颐和园剪彩系花，观看“演花神庆寿事”的记述。

花朝节在唐宋时在宫廷、民间流传甚广，到了明清时期，花朝节仍为文人雅士们时常提及，如明末文学家袁宏道在其《满井游记》一文中即有“燕地寒，花朝节后，馀寒犹厉”这样的文字，乾隆年间的进士洪亮吉有“今朝花朝无一花，今夕月夕亦无月”的诗句。熟知《红楼梦》的朋友都知道，在第六十三回“寿怡红群芳开夜宴”中有花朝节群芳“抽花签”的内容。而书中林妹妹的生日就是二月十二，正是花朝节。《红楼梦》开篇有“万艳同杯，千红一窟”之说，由此也可看出作者多么偏爱林妹妹，居然点她为百花主人。

舞动的落花，是飘曳的蝴蝶，挥动着翅膀，舞动了女子在花朝的情愫。象征自由、美丽。色彩斑斓的蝴蝶，有着非常美丽的外表，因为翩翩的样子，所以自庄子之后，许多诗人便开始赞扬蝴蝶这方面的特征。人的躯体与灵魂是被强制捆绑在一起的，可是，倘或灵魂化作蝴蝶，翩翩而去呢？那是怎样的自在和洒脱。蝴蝶的轻盈，承载了灵魂的重量，叫人难免会作此联想。那挥舞的团扇，扑下的真的就是蝴蝶么？还是一团不忍离散的精魂。

大江横抱武昌斜，鹦鹉洲前万户家。

画舸春眠朝未足，梦为蝴蝶也寻花。

——鱼玄机《江行》

蝴蝶，常常是缤纷的。白色的纯洁若冰，可是忽然有一天，我们看到那迷迭香一样的彩蝶，我们才发现原来日光洒落在轻盈的蝴蝶身上会是那么的妖娆和浮华。那是欲望的颜色，也是死亡的缤纷。那种叫人欲罢不能，又叫人心生恐惧的感觉便常常用来象征欲望和死亡。它是流动着的美丽，却又是转瞬即逝的过客。没有一个人能握住爱情最高潮的一刻，也没有人能抗拒死亡嘴唇边的微笑。这两种难以捉摸的意象放在一起，便生出了多少对于蝴蝶的想象。即便是那样现实主义的《金瓶梅》，在写扑蝶的时候也叫人感慨，那是何其“春秋”的一笔。“原来两个蝴蝶没曾捉得住，到订了燕约莺期，则做了蜂须花嘴。正是‘狂蜂浪蝶有时见，飞入梨花无处寻。’”古人就是这样的惜墨如金，却给了我们太多可以想到的东西了。个中滋味，你懂的。

当然，蝶与花的密切关系与人格化意象，这种恋的关系无人能够拆散，而两者之间的若有若无却也没有人能够使得她们更为亲密。闺中女子见到这样的情景，感怀自身，难怪会产生些自怜自艾的情愫。

女子与蝴蝶，捕捉的是爱情，是转瞬即逝的美丽，是若即若离的爱情，是自由与欲望，是指尖不凋谢的生命。

小虫在鸣叫——闺秀们袖口内的声音

在京城，常常会听到很多小虫叫。那是我们对于老北京的记忆——某个季节充斥的鸣虫的声音的都市。但所谓鸣虫，其实所指是很模糊的。自然界里善于鸣唱的昆虫很多，因此这里要谈的鸣虫主要是指我国古代有培育玩赏传统的那几种，包括：鸣蝉（俗称知了），属于蟋蟀科的蟋蟀、油壶鲁、金钟儿、梆子头，及金铃、竹铃等各种铃虫，以及属于螽斯科的蝈蝈、扎嘴儿、纺织娘等。它们之所以声嘶力竭地鸣叫，往往是在寻找自己短暂虫生的另一半。雄虫以翅摩擦发声，发出强烈的爱之讯息，而这段盛鸣期持续个一两个月，在实现了爱情目的之后便逐渐死亡掉。为爱而鸣，爱过就死，这样的一生，尽管短暂，倒也可谓之轰轰烈烈了。有趣的是这些鸣虫的雌虫、幼虫都不会发声。有西方哲学家曾羡慕道，蝉的生活其乐融融，因为它的“妻子”默不作声。可叹我们今天却要说的是那些默不作声的女子掌中袖间的爱的发声练习。

鸣虫的发声鸣叫有着极强的时令节气特点，因之在农耕时代便被赋予了“知寒暑”的特性，以“卜其时”的功能为人所用，殷墟甲骨文中的“夏”字，便完完全全是个蟋蟀的形状。所以鸣虫最早出现在典籍中，多为“报季”。比如《诗·豳风·七月》里写道：“五月斯螽动股，六月莎鸡振羽，七月在野，八月在宇，九月在户，十月蟋蟀入我床下。”《周书》：“小暑之日温风至，又五日而蛐蛐（蟋蟀）居壁。”宋代赵以夫的《易通·卦验》：“立秋，蜻蛚鸣，白露下，蜻蛉巨堂。”种种记载，不一而足。这种季节的转换，同时也引起了闺阁女子们内心的悲秋伤春之感。那种对于时间流逝的敏感也许不是今时百岁老人俯拾皆是的我们所能了解的了的。但是闺阁内有此一趣以添其乐，也算得上给寂寥的青春涂抹一层暂时的欢愉吧。

鸣虫的畜养和玩赏是一项历史悠久的民间娱乐活动。夏秋之时，万物茂盛，有各种禽虫合奏起大自然的交响曲，伴着人们度过悠闲的时光。但当秋尽冬来，黄叶扫地，万籁静寂之时，寂寞无聊便悄然浮上心头，这时如果能有一只欢叫着的鸣虫陪伴自己，无疑是一种享受。在现存的文字记载中，最早畜养鸣虫的记录可以追溯到唐代。宋代陶毅《清异录》云：“唐世京城游手夏月采蝉货之，唱曰：‘只卖青林乐。’妇妾小儿争买，以笼悬窗户间，亦有验其声长短为胜负者，谓之‘仙虫社’。”可以说，唐代闺阁的女子们开创了养蝉听鸣娱乐消闲的先河。

先来说说蝉，蝉在中国古代，有一种特别的含义，那便是复活和永生，这个象征意义来自它的生命周期：它最初是幼虫，后来成为地上的蝉蛹，最后变成飞虫。从周朝后期到汉代的葬礼中，人们总把一个玉蝉放入死者口中以求庇护和永生。而由于人们认为蝉以露水为生，因此它又是纯洁的象征，广为诗词大家们歌颂吟咏。炎炎夏日听蝉，本来或许并不是一件很清静愉悦的事情，但若是养上一只专属自己的鸣蝉，甚而能以其叫声长短与姊妹们一决高下，意义就又另当别论了。唐代的女孩子，给蝉声起了“青林乐”这样典致的名字，愈见这是一项极具雅趣的游艺，而且养蝉养出了以鸣声长短进行比赛的专门组织“仙虫社”，这应该是中国最早的鸣虫爱好者协会了。

当然，想拥有属于自己的蝉并不一定非要去买，除了养蝉听鸣，捕蝉这种娱乐方式也是闺阁所好。最早记载捕蝉方法的，应该是《荀子·致仕》中提及的“夫耀蝉者，务在明其火、振其树而已”的耀蝉之法：由于蝉有趋光性，所以当夜幕降临之后，只需在树干下烧堆火，同时开始敲击树干，蝉就会扑向火光，此时在旁边的人便迅速上前活捉，这可以说是十拿九稳，非常有趣。而白天用粘竿捕蝉，则有着另外一种不同的乐趣了。在咸阳发掘出土的唐高宗第二子章怀太子李贤墓的墓室西壁，便有一幅定名为“宫女观鸟捕蝉图”的壁画。这画现今看起来有些构图古怪，一棵小树比人略高一些，仿佛从石头中破土而出，又很像我们今天移植的那种小树苗，下面有一些土来保存树根的营养和水分。这些都还不重要。其旁边有一个女子仰面看着天空中划过的一只小鸟（说实话，那只小鸟画的还挺好看）。当然，这也不重要。关键是中间的一个宫女在屏气凝神地朝着一只蝉走过去，这才是我们要说的事情。这个小宫女腰上还带了一个小笼子一样的东西，估计就是用来装捕获的蝉的吧。那手就这样举起近千年，不曾落下。

试想一想，长长的粘竿缓缓在树林中游弋，炎热的空气中弥漫着女孩子们恶作剧般的阴谋，蝉却依然在树上骄傲地唱着：“知了，知了！”听着它们的叫声，捕蝉的忍不住哑然失笑：“你们知道什么呀？”于是，从蝉的背后，便出现了慢慢移动的竿尖。移动一段距离，静止一会儿，再移动一会儿，再静止，如此反复，小心翼翼。离尺把远时。再快速往蝉的一只翅膀上一摁。然后迅速地收竿，一只正在歌唱的蝉就被捕着了。为什么要强调迅速，因为收得慢了。蝉会靠另一只翅膀拼命地挣扎，争取逃走。但是，对于女子而言，举着长长的竹竿，凝神静气，慢慢移动，是很费气力的。没有史泰龙健硕的臂膀，往往在最后一击时，也会因手臂酸软而落空。

所幸的是蝉是十足的聋子，女孩子的欢呼雀跃阻遏不了其酣畅的歌唱，也不会被它察觉，不幸的是蝉的视觉却是十分的敏锐，稍有风吹草动便逃得无影无踪，看来捕蝉也不是个简单轻巧的游戏，更依赖于耐心和智慧。

声音固然好听，还有一种虫子，是拿来斗的。

宋代顾文荐在《负暄杂录·禽虫善斗》中称："禽虫之微，善于格斗。见于书传者，唐明皇生于乙酉而好斗鸡，置鸡坊、鸡场，见之《东城父老传》。斗蛩亦始于天宝间，长安富人镂象牙为篓而畜之，以万金之资，付之一啄，其来远矣。"与只擅鸣叫的蝉所不同，亦属鸣虫的蟋蟀，则更多地因勇斗而闻名。对于蟋蟀的记载嘛，早至《诗》的时代，《国风·唐风》就有《蟋蟀》章，以"蟋蟀在堂，岁聿其莫"复沓歌咏，感叹岁月易逝。蟋蟀自古的异名也很多，明刘侗《帝京景物略》卷三"胡家村"条开列数种："考促织，《尔雅》曰：'翰，天鸡。'李巡曰：'酸鸡。'郭璞曰：'莎鸡，一日檐鸡。'《方言》曰：'虹蜘，一曰蜻咧。'《尔雅翼》曰：'蟋蟀生野中，好吟于土石砖譬五斗则矜鸣，其声如织，故幽州谓之促织也。'"此外，"蛩"一名也较常见，而近世北京多呼为"蛐蛐儿"。当然其得名，主要还是起源于其鸣叫之声。

为什么蟋蟀是可以斗的呢？因为这些家伙生性孤僻，一般的情况都是独立生活，绝不允许和别的蟋蟀住一起（交配时期除外，实属重色轻友的家伙），因此，它们彼此之间不能容忍，一旦碰到一起，就会咬斗起来。两强相遇，便相互甩开大牙，蹬腿鼓翼，战成一团，其激烈程度，绝不亚于古代两国交战时最惨烈的肉搏。明人高承埏这样描写他看到的斗蛐蛐儿（蟋蟀）："其形昂若，其音喑然。见形而斗志遂起，闻声而雄心各前。张牙耀刃，竖须矗竿；挺翼直接，拔足争先；一进一退，载合载旋……盖不离方寸之余地，而若开八阵之壮图。”其壮观可见一斑！《宋史》载外敌入侵，襄阳被围的紧急关头，宰相贾似道依然“与群妾踞地斗蟋蟀”，一方面揭示着“蟋蟀宰相”因之而沉迷误国，另一方面也记载了闺阁之中亦早有斗虫之好。

随着斗蟋蟀之风的逐渐兴起，同时捕捉野生蟋蟀专为听其鸣叫的亦不乏其人。五代王仁裕《开元天宝遗事》中有《金笼蟋蟀》条载：“每至秋时，宫中妃妾辈皆以小金笼捉蟋蟀闭于笼中，置之枕函畔，夜听其声，庶民之家皆效之也。”宫女们为什么要养蟋蟀听其鸣叫呢？难道她们没有更好的娱乐方式吗？也许这是她们优裕生活之余的一种消遣，更可能是无可奈何的精神寄托。在封建帝王的后宫里，无数良家少女被禁锢其中，虽然物质上颇为富有，衣绫罗，食珍馐，但精神上却极度空虚贫乏，几乎人人都有着满腹幽怨。封建帝王虽只一人，却有“粉黛三千”事之，而大多数宫女守了一辈子活寡，却连皇上的面也没有见过，心中的怨恨和悲苦是不必说的。同书亦载：“开元末，明皇每至春时旦暮，宴于宫中，使嫔妃辈争插艳花；帝亲捉粉蝶放之，随蝶所止幸之。后因杨妃专宠，遂不复此戏也。”用这种“随蝶所幸”的方法，究竟能有几人得皇帝的宠幸呢？大多数宫女无缘幸帝，心情苦闷，百无聊赖，只好想出种种游戏来解闷。书中还载：“内庭嫔妃，每至春时，各于禁中结伴三人至五人，掷金钱为戏，盖孤闷无所遣也。”唐代著名诗人元稹有一首《行宫》，写尽了这些宫女们孤闷哀怨之情，十分动人。秋时畜养蟋蟀，显然也是宫女们解闷消遣的游戏之一。在寂寞的深宫高墙内，百无聊赖的深宫佳丽捉来蟋蟀，像养鸟雀一样，用金丝绣笼畜养一只小小的蟋蟀放于孤枕之畔，听着悲切感人的虫鸣，聊以自慰，以度过漫漫长夜，这就是唐代宫女畜养蟋蟀的真正动机。由此可见，以鸣虫为宠物饲养起始于唐朝宫女中。作为一种精神生活极度匮乏之余的慰藉，这也是不难理解的。唐代诗人白居易《禁中闻蛩》诗中云："西寓独暗坐，满耳新蛋声。"这种源自皇宫之中玩赏蟋蟀听鸣声的幽雅消闲方法，不久便传到宫外，民间百姓之家纷纷效仿，以听蟋蟀声为一种享乐，从此玩赏鸣虫在民间流传开来，甚而日韩等广受唐文化影响的国家至今仍保有这样的风尚。

历经宋元明清，玩赏鸣虫的风气久盛不衰。宋人畜养玩赏鸣虫，尤喜欢络纬。络纬俗称纺织娘，又名蝈蝈、聒聒儿，鸣声特别清脆悦耳，在虫鸣中最宜清听。宋代博学好古的学者罗愿《尔雅翼》中专门记载了宋人畜养络纬的情形：莎鸡振羽作声……其声如纺丝之声，故一名梭鸡，一名络纬，今俗人谓之络丝娘。小儿夜亦养之听其声，能食瓜苋之属。明代文学家袁宏道写有《畜促织》，记述京城畜养鸣虫和自己玩赏鸣虫怡情乐性的韵事："京师人至七八月，家家皆养促织。……又有一种，似炸蛆而身肥大，京师人谓之括聆，亦捕养之，南人谓之纺线娘，食丝瓜花及瓜瓤，音声与促织相似，而清越过之。……又一种亦微类促织，而韵致悠扬，如金玉中出，温和亮彻，听之令人气平，京师人谓之金钟儿，见暗则鸣，遇明则止。"这位文人韵士对促织和金钟儿情有独钟，尤喜其声，他也随俗畜养了二笼，挂在檐间，每当夜深露下，促织鸣唱"凄声彻夜，酸楚异常"，使"俗耳为之一清"；而金钟儿的鸣声"韵致悠扬，如金玉中出，温和亮彻，听之令人气平"。真是乐在其中了。

清代，上至皇帝后妃，下至平民百姓，对畜养鸣虫都有极大的兴趣。康熙皇帝每以聆听虫鸣为赏心乐事，曾命清宫内务府奉宸苑在宫中备暖室孵育蟋蟀、蝈蝈等鸣虫，以助宫廷初春时节设宴时博乐，用那连绵起伏不断的唧唧虫声，来增添内廷欢乐喜庆喧闹的气氛。据高士奇《金鳌退食笔记》记宫中"秋时收养蟋蟀，至灯夜则置之鳌山灯内，奏乐既罢，忽闻蛩声自鳌山中出"。早春乍暖还寒之时，有鲜花鸣虫相伴，即使贵为帝王也觉得这是一种独特的享受。康熙皇帝还欣然御诗赞道："秋深厌聒耳，今得锦囊盛，经腊鸣香阁，逢春接玉笙。物微宜护惜，事渺亦均平，造化虽流转，安然比养生。"

不过，蟋蟀的寿命很短，只三四个月时间，所以民间向有"百日虫"之说。而热衷此道者为了能在一年四季都听到虫声，便煞费苦心地试验人工繁育使其越冬的方法。根据《帝京景物略》的记载，谓"促织感秋而生，其音商，其性胜，秋尽则尽。今者人能种之，留之鸣深冬。其法土于盆，养之，虫生子土中，入冬以其土置暖炕，日水洒棉覆之，伏五六日，土蠕蠕动，又伏七八日，子出白如蛆然，置子蔬叶，仍洒覆之，足渐成，渐以黑，匝月则鸣，鸣细于秋，入春反僵也。"可知在明代其法已经成功，而且人工繁育的对象不限于蟋蟀，还有油壶鲁、金钟儿、蝈蝈、扎嘴儿等多种。但繁育冬虫费工费时，所以价格特昂，清末富察敦敏《燕京岁时记》里有详细记述："京师五月以后，则有聒聒儿沿街叫卖，每枚不过一二文，至十月，则有暖煏者生，每枚可值千文矣。……又有油壶鲁，当秋令时，一枚可卖十余枚，至十月，则一枚司值数千文。盖其鸣时铿锵断续，声颤而长，冬夜听之，可悲可喜，真闲人之韵事也。"乾隆在《咏络纬》(络纬：一说螽斯类鸣虫，一说即指蟋蟀）诗序里证明了这个说法："皇祖时，命奉宸苑使取络纬种，育于暖室。每设宴，则置绣笼中，唧唧之声不绝，遂以为例云。"说明清宫里从康熙时起，已经开始繁殖鸣虫，用以佶酒助兴了。

为了适应举国上下畜养鸣虫的需要，民间开始出现以捕捉养殖鸣虫出售的专业户。清代顾禄《清嘉录》载：秋深笼养蝈蝈，俗呼为"叫哥哥"，听鸣声以为玩。藏怀中，或饲以丹砂，则过冬不僵。笼刳干葫芦为之，金镶玉盖，雕刻精致。虫自北来，薰风乍拂，已千筐百营集于吴城矣。顾禄记述的是家乡苏州畜养鸣虫娱乐的盛况，那些来自山东、河北等地的汉子，挑了上千只蝈蝈笼子，一路上"呱呱"地叫个不停，千里迢迢到苏州贩卖。江南水乡的妇女儿童买一小笼蝈蝈，挂在屋檐下，听听鸣声，想来平添了几分田园乐趣。道光年间江南吴江词人郭磨有一首《琐寒窗·咏烟蝈》，写寒夜秋凉季节合家静听蝈蝈鸣声，极富家庭生活情趣，更像一幅江南风俗画，词云：

络纬啼残，凉秋已到，豆棚瓜架。声声慢诉，似诉夜来寒乍。挂药笼晚风一丝，水天儿女同闲话。算未应，输与金盆蟋蟀，枕函清夜。窗罅。见低亚。簇几叶瓜华，露亭水榭。葫芦样小，若个探怀堪讶。笑虫虫自解呼名，物微不用添尔雅。便蛇医分与丹砂，总露蝉同哑。

清末画家吴友如为《点石斋画报》画了一幅《缨缨草虫》，画的就是一个汉子挑来两只大箩筐，内有装着蝈蝈的小笼子，一个妇女正掏钱为小儿买蝈蝈，另一女子则手举蝈蝈笼子在耳畔聆听。这正是清末上海妇女儿童畜养蝈蝈的真实写照。

清代宫中畜养鸣虫风气最盛，从后妃到宫女，无不以听鸣虫为雅兴。这些鸣虫有专人捕捉，贡入皇宫，还用人工孵化方法精心培育出来，使它们在寒冬腊月中尽情鸣叫，为寂寞深宫增添了无限欢乐的情趣。不妨一想，在冰天雪地凛冽呼啸的寒风中，能听到秋虫的轻吟悦耳之声，怎不令人感到愁消？闲散嫔御宫女干的差事大都简单，闲暇很多，十分无聊，畜养鸣虫成了她们的乐事，身在禁宫身不由己，唯有这么一份小小的天地属于自己拥有。她们纷纷在墙阴处种葫芦，矮架疏花，既资清玩，亦可备冬令藏养蝈蝈之用。夏仁虎《清宫词·种葫芦》云：纤尘不到净铜铺，承应清闲一事无。予计冬来藏蝈蝈，墙阴汲水种葫芦。当时京师人多以葫芦装放蝈蝈，相当流行，将小葫芦上部去掉，然后又将葫芦四周雕镂花鸟以通气，精细工绝，价有贵至百金者，颇受王公大臣青睐，只要将鸣虫放进去，发出的盈盈鸣叫声是亮、响、脆、宽，非常动人好听。宫女们喜欢在冬天争养蝈蝈，便效仿民间，也用葫芦为笼，笼外饰以锦绣。中午时分，她们将笼拿到太阳底下取暖，蝈蝈在笼中欢快歌唱，嘤嘤争鸣。没有太阳时，她们则将葫芦笼揣入怀中，夜间藏在被中，让蝈蝈在自己怀中或被中取暖过冬。

养蝈蝈一方面使宫女在寂寞深宫中，解除离恨的情绪，那鸣虫在怀中的“唧唧”之鸣，也能给她们带来一丝可怜的慰藉。另一方面在伺候皇妃等皇家宫眷后，尤其在漫漫长夜值班中，如果能听到怀中鸣虫轻吟之声，既能迅速消除疲劳瞌睡，又不至于为此贻误大事。据夏仁虎《清宫词·养蝈蝈》诗注载，有一次，一位宫女承应值夜班，怀中揣着葫芦笼子，第二天清晨，她侍候慈禧太后洗脸时，竟忘了将怀中葫芦笼子取出放好，结果当她尽心服侍时，蝈蝈突然在她怀中大声鸣叫，吓得宫女面如土色，按宫中规矩，惊了慈禧太后，是要受到严刑处罚的。然而出乎意料，慈禧太后听到“唧唧”虫鸣后，不仅没有发火责令处罚宫女，还禁不住开怀大笑不止。自此之后，宫女们养虫就得到了老佛爷的默许，乃至在金秋至寒冬腊月，皇宫内畜养蝈蝈等鸣虫更加逐渐地热闹起来。这对于在森严寂寞的宫闱中，那些过着“天街夜色凉如水”、“斜倚熏笼坐到明”的宫女们来说，无疑是一种“福”音，一种再好不过的恩赐了。夏仁虎有诗记述云：“锦襦深处似春温，怀里金铃响得匀。争说曾逢西母笑，朝来跪进洗头盆。”从唐代的妃妾辈，到清代的宫女们，她们都喜欢养鸣虫以自娱，显然并不是一件偶然的事，这小小的虫子，给她们带来了难得的欢乐和精神上的慰藉。

值得一提的是，在夏仁虎《旧京琐记》中记载了王府女眷畜养鸣虫的一种不多见的玩法：“八旗满洲妇女多有空其鞋底以纳之，使其声与履声相应，若行肆夏趋采齐者然。俗名此虫为啯啯。”其中说的“啯啯”，即蝈蝈。这种玩法在当时实属前所未闻，与现代小孩子常穿那种一踩就吱吱作响的宝宝鞋相比，也不遑多让。

令人意想不到的是，畜养鸣虫这种原始而简单的娱情方法还传到了江南的妓院里，妓女也多有养成此种雅好者。据徐珂《清稗类钞》：“乾隆末叶，有货札儿于江宁之市者，镂葫芦为笼，盖以玻璃而贮之，盖来自粮艘，天津、德州间物也。饲以白粲，或葱白嫩甲。性畏冷，纳诸怀，裹以吴绵。自秋至春，饲以朱砂，则通体赤而有光。秦淮妓院金蓄之，入夜，辄护以锦衾，香残烛灺时，细响沉沉，与娇喘间作，诵唐人‘入夜偏知春意暖，虫声新透绿纱窗’句，闻之者不禁神往也。”这里说的“札儿”是一种比蝈蝈略小的昆虫，天津人称之为“扎嘴儿”，也是一种常养的鸣虫。妓女与皇上、宫女相差何止万里，却都从小小的鸣虫身上寻求精神上的慰藉，这不能不让人探究其中的深层原因。

唐代李子卿在《听秋虫赋》中有一个很有意思的解释：“且虫声也无端，人之听也多绪。亦由心羁者多感激，志苦者易凄楚。”认为蟋蟀并没有感情，不懂得喜怒哀乐，鸣叫是它的自然属性，并非因为有什么伤心事。每当夏去秋来，黄叶随着寒风落地，蟋蟀们的鸣声四起，总会引起多愁善感的人们的无限忧思。辛勤劳作的妇女们听到它，往往想到秋气转凉，仿佛虫声是在促其赶紧织布，缝制寒衣，故古代幽州地方有谚曰“促织鸣，懒妇惊”；暮暮朝朝翘首盼望临幸的妃嫔宫娥们听到它，则不禁会感到，其声如泣如诉，切切凄凄，若孤雁哀鸣，若幼鹿失群；孤守空床的思妇会想起漂泊远方的丈夫而更觉孤苦，失恋的男女则会想起热恋的时节而愈益悲伤。

当然蟋蟀的这种感人力量其实并非来自其本身，而是因为与之紧密相连的季节——秋天。古代诗歌中悲秋的题材，便是专写秋天的景物给人带来的伤感之情。秋天万物凋零，象征着生命的终结，一草一木都会引起人们的伤感之情，而蟋蟀的鸣叫恰在此时。如果说早秋的蟋蟀的嘹亮叫声尚能给人以美感的话，那么晚秋蟋蟀时断时续，略带颤音的鸣叫，确显得有气无力，给人以如泣如诉的感觉，难免让人思绪万千。当悲秋演化为中国文学的重要母题时，在万物代谢的背景里，时断时续的唧唧虫声已不再是简单的自然现象，而被赋予了丰富的象征意味与隐喻意义，来得特别凄清萧索，引人遐思。所以，杜甫在《促织》诗里叹道："促织甚微细，哀音何动人。"姜夔则不仅在《齐天乐》词序里一记南宋时"好事者或以三二十一万钱致一枚（蟋蟀），镂象齿为楼阁以贮之"，对于虫鸣的移情作用更是描绘得细腻入微，"正思妇无眠，起寻机抒"，"为谁频断续，相和砧杵，候馆迎秋，离宫吊月，别有伤心无数"。有关秋天的声音所包蕴的文化内涵，古人自有阐释，欧阳修在《秋声赋》里说："夫秋，刑官也。于时为阴，又兵象也，于行为金。是谓天地之义气，常以肃杀而为心。天之卜物，春生秋实。故其在乐也，商声主西方之音，夷则为七月之律。商，伤也，物既老而悲伤；夷，戮也，物过盛而当杀。"就这样，蟋蟀的意象与对秋天的感触紧密联系在一起。

纵观历史，蟋蟀所拥有的辉煌堪居百虫之首。上自权贵，下至黎庶，无不爱之若宝，亦常常见诸文人骚客的笔墨丹青。每每在幽深静夜，于情无所寄、心无所依，惶惶然手足无措之时，蟋蟀振翅而鸣，似天外之音凭空而至。或长或短，时起时歇，洪大而不躁耳，清脆而不媚俗，浑圆剔透，自然流畅。倾听蟋蟀声声，胸中郁结顿化，烦闷尽消。小小鸣虫，既不因皇上妃妾们喜爱而变得高雅，也不因妓女们畜养而流于低俗，它以自己幽雅动人的鸣叫之声，为世人带来秋之慰藉。这可斗可藏的小玩意儿带给闺阁的往往不止于欢笑，更多的是种陪伴吧。

欲善其事，必先利其器，而装虫子的葫芦其实也甚为可爱。在谈畜虫葫芦之前，我们先来说说葫芦工艺。葫芦，古代又名壶、瓠、匏等，依现代分类学，可分为：大、小、长、细腰葫芦及扁蒲等数种，对于葫芦的功能，古人认识得相当充分。明李时珍在《本草纲目》卷二八里总结为："既可烹晒，又可为器，大者可为瓮盎，小者可为瓢尊，为腰舟可以浮水，为笙可以奏乐，肤瓤可以养豕，犀瓣可以浇烛，其利博矣。”除食用、入药、制作浮具、农具外，还能制作乐器、酒器，甚至如《嘉兴府志》所载，浙江有明遗民巢鸣盛，“室中所需器物，莫非匏者”，其后同里又有石佛寺僧、王应芳、周廉夫等制匏名家，“相材量质为尊、盘、壶、杯、勺、烛擎、薰炉……求之者不远燕、赵、秦、楚”，竟成为一方物产。写到这里我们不禁要问，何以葫芦受到如此重用呢？除去其天然成形，便于制器的原因外，更重要的似乎是传统思想中顺乎自然，贵乎质朴的倾向在起作用。如元王恽《匏瓜亭》有句：“君家匏瓜尽尊彝，金玉虽良适用齐”，将葫芦与金玉并提，代表两种不同的价值观和人生境界，褒贬不言自明。而乾隆皇帝《咏葫芦器》诗序说得更是清楚明白：“盖其朴可尚，而巧非人力之能也。”

制作葫芦器具的传统工艺种类较多，范制是其中最引人注目的一种。所谓范制，是趁葫芦幼小时，纳入阴文模范内，至霜降后完全成熟，再经修整，去掉表面皮层和海绵状内瓤，截口，漆里，加木、牙口边，即得各式有阳文花纹的完整器皿。模范分木范和陶范两种。木范一般为四瓣拼合，内壁阴刻花纹，范出成品可见四道范痕；陶范需先制木胎，用木七条拼成匏器成品的形状，外壁阳刻花纹，然后敷以 2 厘米厚的泥层，稍干即可从中间一根一一抽取木条，得到阴文泥范，入窑烘烧成陶范，最终范出的成品有六道范痕。由于同一木模可得多个陶范，就避免了木范一范一用的限制，无疑是模范工艺的重大进步。葫芦套于范内，与阳光、空气隔绝而不枯萎，需要极高的园艺技巧；制作模范，还需艺术品味，故每成一器，都是自然与人工的完美结合。其工艺颇为复杂，成品率很低，甚至有“百不得一”的说法。

此种工艺意匠令人匪夷所思，想来从草创至成熟，应有较长发展过程。故而常被引用的两则关于早期范匏的发现，即商承祚《长沙古物闻见记》所载“楚匏”的范制吹管，及原藏日本法隆寺的唐代人物纹抱罐

(或名八臣瓢)，都值得进一步研究。而到了明代晚期，据谢肇制《五杂俎·物部》所记："余于市场戏剧中见葫芦多有方者，又有突起成字为一首诗者，盖生时板夹使然，不足异也。"说明范制葫芦此时已成民间习见的工艺品。

清代自康熙时在宫廷丰泽园内尝试范匏开始，经雍、乾、嘉、道，尚有大量实物留存北京故宫博物院。以康、乾时为最精，多"赏玩"款识，有碗、盘、尊、盒，各种仿古器物及烟壶、畜虫葫芦等玩物。太监梁九公为个中名匠，能制畜虫葫芦、果盒，乃至耳坠等，培育之巧，一时无两，人称"梁葫芦"。道光时期，宫中范匏的规模已经很小，据称只是在慈宁宫花园种植，以制作一些小型文玩、鼻烟壶等，反倒是一些贵胄王府以此为乐，其制品也开始有了独特面目。

畜虫葫芦价格昂贵，讲究也大。表面上看来畜养各式鸣虫的葫芦似乎大同小异，其实不仅外形、尺寸各不相同，甚至内部结构都有极大的差别。粗略言之，可分作两个系统，一为蝈蝈、扎嘴儿等鸣虫所用，一为蟋蟀、油壶鲁、金钟等鸣虫所用。二者的显著不同在外形上，蝈蝈葫芦腰部较高，脖短肚大，重心在上，不论是制成尖底的鸡心式、长圆的棒子式，还是瓶子式等式样，底部直径往往稍小；而蟋蟀葫芦腰部位于器身中下，脖长肚圆。关于畜虫葫芦的鉴赏。《燕京岁时记》里提出"以紫润坚厚者为上"，这是从色泽、质感到实用性的全面而概括性的总结。我们还可通过手捏、指掐、敲击辨声等手段来判断其是否熟透结实，而外部轮廓匀称，各部分比例协调，纹饰美观，盖、口匹配等，也是一件畜虫葫芦达至精品的基本要求。

精致的葫芦，伴着女子的美丽，袖中的间或飘出两三唱的鸣叫，叫人想起来，便有种清新的姿态。本属于闺阁的快乐现今被汽车的嘈杂、机器的轰鸣掩盖了去，间或的三两声虫鸣也只是在秋日难得的夜里的一点惬意了。

飞舞吧，羽毛——你还不那么知道的毽子

我很想用《阿甘正传》的片头来开启这篇。因为踢毽子确实是一种很美丽的游戏，羽毛从天空跌落地面距离，也许便写成了一个人的童年。或许还没来得及审美，童年便溜溜地转瞬即逝了。于是这一章，便要带你重新作为一个旁观者，去看看那闺阁间羽毛的跳跃。

很久之前，我一直以为这是个属于旗人的玩意儿，这不单单是因为电视里看得太多了那翎羽在旗袍间的翻飞，更有一个重要的原因是笔者童年的一只来自雕翎的毽子。常常这种与雕、与鹰关联着的物件会叫人想起那个来自白山黑水的民族。

而当我翻阅了大量关于毽子的文献后就可以负责任地说，毽子，在清代之前，可以有。

什么时候毽子开始在中国人的足尖翻飞的呢？我听说过这样一种说法，那就是，来源于伟大的黄帝。这个为中华民族播谷木，制衣冠，造舟车，创医学的大忙人在百忙之中还发明了小小的毽子。当然了，那时

候这个东西叫做“毱”。后来我在《玉篇》这本书上发现了一个大秘密，那就是，毱：皮毛丸也。毛，这个对于毽子来说，比较靠谱。可是皮，就有点不靠谱，而丸则远远和毽子的形制太不一样了。《玉篇》再次爆料曰：“与鞠同。”捶墙，显然，黄帝他老人家发明的是古人引以自豪，今人引以嘲笑的中国足球是也。

道听途说果然害死人。

后来，我又听说……毽子的发明者是岳武穆，这个致力于创建各种门派秘籍的抗金大英雄。顿足，这完全是和笔者所臆想的毽子是满人的玩意儿是相反的嘛。不过所谓“创自岳武穆，用箭之翎，配以金石之质，抛足而戏，以释军闷”，听起来好像比毱的传说正规些。首先，以箭之翎，显然就是我们所说的毽子上的那一丛丛的花花的——鸡毛。不过岳家军比我们高级的是再不济，也会用雁翎。下面再坠上金石——相当于我们现在在毽子上看到的铜钱之类的东西，踢来踢去落谁家，把所有闺阁的温暖装点入金戈铁马的冰冷中。

事实上，我又一次被血淋淋的考古发掘打败。王国维先生教导我们说：“吾辈生于今日，幸于纸上之材料外，更得地下之新材料。”早在1913年的山东济宁喻北屯城南的张村就发掘出了八人踢毽子的石画，他们生动的姿态，潇洒的身形仿佛在嘲笑笔者的短见。因为，它们来自东汉时期的墓葬之内。

于是我们只好说，毽子最晚出现于汉代，之前或许有，但是无事实依据作为依托，也只好化为一团美丽的传说铭刻我们心间了。

其实我们小的时候都踢过毽子，大抵是一五一十地数着比谁踢得多。这种踢得最多的事情有没有吉尼斯世界纪录来记载我尚不清楚，但是在唐代《续高僧传》里却确实提到过一个站在井沿上的小和尚的光辉事迹。它说：“沙门慧光年方十二，在天门街井栏上，反踢蹀，一连五百，众人喧竞，异而观之。”天门街，这个不是“天街小雨润如酥”的那个长安朱雀大街，而是洛阳的一条具有同样重要意义的街道。南北朝时期挺著名的街道后来被唐帝国给抄袭去了。其功能相当于现今的长安街，当然，当时也不会有那么多私家车，一两口井的占位不会引起交通拥堵事故。可是这个小和尚跑到这条大道去毽子秀就未免会引起大规模的不明真相的围观群众注目了。在那个不久的将来便高僧遍地、土特产是唐三藏的洛阳难免会引起一二高人的注意。果然一位来自天竺的世外高人从众多卖呆的人中脱颖而出，用锡杖敲了敲这孩子的头，“声响清澈”——说起来怎么都感觉这高僧挑接班人和夜市买西瓜差不多——最终收为弟子。我们且不说这位高人是个不远万里来到中土普度众生的天竺友人，也不说小和尚慧光后来成为一代国师。单单说凭什么一个人毽子踢得多就可以被认为是高才生的问题。

这和毽子是一项需要极专注的运动有关系。一枚铜钱大小，专注它，就把它变成了你的全世界，果然是佛陀所谓，“一花一世界，一叶一如来”。另外，窃以为身体是革命的本钱，作为一个从小毽子踢得这么好的小和尚，身体一定不错，要知道，来选拔他的师父是从少林寺下来的第一代主持呀！

机缘，从来都是留给有准备的人的。

这样安静的游戏，在闺中却已然是运动量较大的游艺之一了，那些短打扮的小女孩儿们可以稍微玩过几个春夏，稍微大一些的女子，举止如水，行动有定，自然要将那花花绿绿的毽子束之高阁了。另外一方面，我们大家都知道，限制女子行动的最关键的一步，就是缠足。这个古老的传统可以上溯到司马迁在《史记》里记载的赵女郑姬，这些走在时尚前端的女子终于在五代时遇见了知己知音——李煜。当然，在此之前的唐代也有一些诗词隐隐透露出有女子裹足的信息，但是那并未形成一定的风气，或者只停留于舞蹈界。事实上，在某些底下出土的唐代舞伎身上看到了那小巧金莲的模样。

算来，两千年以来的女子都是这样的踩着自己残疾的脚从远古一路走来。

光是想到，就觉得心酸。

好吧，或许对于今日的你我而言，金莲既说不上怎样的美，也说不上怎样的疼。于是作为一个致力于带大家回去的我，似乎又有必要开启时间的闸门，把这一桩桩讲述给您。

首先来说这小脚的美法吧。其实除了老照片，我是并没有有幸见到过这样一双实际上的玉足。但是亲见过一些三寸金莲的弓鞋，其精致与美丽叫人无法不惊讶。然而想到人的一双脚要装入这样小小的一个布囊里，就觉得脚趾的每一个关节都在疼了。疼归疼，想象一个女子不是脚踏高跟鞋，也可以仙鹤一般的翩跹起舞，或者哪怕只是从重叠的竹林里迤逦而来，带着些翩然的气度，再加上环佩叮当，若风拂柳般。更别提这样一双小脚在一个男子的手中可以一手掌握了。

满足了男人的视觉与触觉的双重感受，以及他们的独占欲，几乎无条件地把女子变成了男子身上随时可以带走的配饰，女子交出了自己的一双脚的那一天起，也把自己整个的交了出去。不得不叫人一声叹息。

即便如此，几千年了，女子依旧被这样要求，裹足，三寸。难道没有反抗没有逆反么？当权利完全沦丧的时候，那个看着女儿泪眼涟涟的母亲说得最多的话却是，哪个女人不是如此？娘这是为了你好……之类。任何伤痛在能换来等价或者超值的利益时候变得值得。但是这是怎样的痛呢？金莲的美在于瘦、尖、小。这是最基本的，而这每一步都要女人经受住日夜的折磨。大约在孩子五六岁的时候就要开始的这项工作，要先将除了大脚趾之外的脚趾全部朝着脚心，继而朝着脚跟聚齐。

这不是单纯地折到后面，而是依次地折成一个类似于粽子形状的三角体。然而人的脚趾偏偏不是糯米，想怎样捏成就怎样捏成。而是要每天都要不断地用裹脚布去勒，一点一点地将脚变得畸形。

虽然已经采用的是一种温水煮青蛙的方式，但是走起路来是每时每刻都在疼。这种疼带来的还有细菌感染，伤口溃烂，慢性骨髓炎等疾病。当然，这还不重要，这些折磨会导致一个人茶饭不思，睡眠不足，体重锐减。实际上，这简直是一次生死大考验。并没有太多史实记载谁家的闺女因为缠足而最终抱病而死，但是这种人为的使人致残的伤害对于女子身体健康的打击是一生的。

经过几个月的折磨，一双温润无骨，小巧玲珑的脚呈现出来。但是，中国人的身体永远是最私密的一部分，而女子的脚更是深遮密护，为夫婿所有。

况且她们每次洗脚的时候，从摘下裹脚布到清除上面积蓄的黏性液体，到释放常年裹脚的麻木痛楚，到用香料等来滋养着它们，另外还有用修脚刀修去早已畸形的指甲，以及鸡眼。大约没有几个时辰是弄不完的。当然，每次洗完脚还有很多功课要做，比如涂上白矾以防脚烂掉，还有擦上香粉。最主要的是要重新用力裹好，否则脚会越洗越大的。女人的精细，女人的专一，女人的活动空间越发的狭小，这一切都是男人得意的资本。当一种审美趋势形成之时，这种趋势带着男权的绝对强大成为社会上主流的呼声。而呼声最后沉淀为一种习俗。

这种习俗指向，女子的最终归宿——一个好婆家。

当女子最终的地位被结婚生子所决定，那么还有什么可以比嫁入豪门更值得庆幸的呢？于是牺牲一双足，换得一世荣华富贵，便变得在所不惜。就这样，女人在刀刃上行走了千年。

说起来，清代的时候倒是和剃发令同时颁布了禁止女子裹足的命令。但是这个命令一如要剃掉男人二分之一头发一样，被汉族，或者说久居中原的人们鄙夷了。最后折中的方法是，满族姑娘天足。汉族姑娘，你们愿意折磨自己的脚便折磨去吧。明知道伤害，却拒绝来自官方的可以堂而皇之的拒绝伤害的法令，这是怎样的一种根深蒂固。想想，其实，我们只是晚生了百年而已。一百年前的我们，也许正一层一层地掀开裹脚布，怜惜地看着三寸金莲，孤芳自赏。

就是这样的一双脚，踢起毽子来又是怎样的景象？觉得一只脚尚且平衡困难的笔者表示，基本上，会摔倒吧。可恰恰，小足踢起毽子来，别有一番风味。李声振的《竹枝词》说：“青泉万迭雉朝飞，闲蹴鸾靴趁短衣。忘却玉弓相笑倦，攒花日夕未曾归。”穿着短衣，足下鸾靴的女孩儿这个时刻似乎忘却了裹脚之痛，只是心随着毽子的一上一下，玩得太过开心了。这里“攒花”是我们要接触到的一个新的玩法。这已经不是我们一个人看着毽子反复地做自由落体与对抗地心引力运动了，这是毽子一群人的玩法。

这种玩法，其实依旧活跃在我们的街头巷尾、晨练黄昏练当中。只是要能找到几个棋逢对手的伙伴，远远没有拿起羽毛球拍随便喊人容易。可是在古代，貌似这个不成问题，个中高手更是层出不穷。什么样是高手？“准、是、稳、脆、真、恰、巧、变、改、整”十法来去自如，真个是动若脱兔，静若处子。你要是说你一下子能踢五百个毽都不好意思和这样的人家打招呼，好吧，我对慧光大师您并没有瞧不起的意思。只是说毽子发展成所谓“攒”这样的一种多人参与性的活动之后，变得无论是技术难度还是美感追求，都达到了一定的化境。毽子便不再是直上直下地踢，而是形成了一道美丽的弧线，在身体上流转，转得越生动，身法越灵活，人与毽两厢辅助，那毽子便仿佛是绚烂的流星，纵情地装饰了纤腰的舒展，莲步的摇动。

美兮美矣。

“十法”是怎样炼成的？且听我乱侃江湖——没错，有人的地方就有江湖。

一点不能不说，倘若金庸他老人家不是潜心武学，而是潜心毽学的话，那么“飞雪连天射白鹿，笑书神侠倚碧鸳”里便会出现至少十大门派吧？

“准”派当是以最基础的稳扎稳打的功夫见长，属于“降龙十八掌”型，要求有扎实的基本功，不得见一点花招，寒来暑往，铁杵磨针。是各门各派的基本。这项功夫要求的是动作准确，绝少失误。

“是”派，则讲求的是一种界限概念。此与彼之间有着不可逾越的界限。之所以有这样的限制，就是为了保持每一个动作的独特性。我想倘若真有此门派，其门派中人必定各自不一。

“稳”派，这样一派讲求的是精神的专注性，心无旁骛，绝不慌乱。以泰山崩于前而面不改色为彼之特征，这对无论是毽者还是武者而言都是至关紧要的。

“脆”派，这一派倘或叫我安排，定然要安排其门人弟子对音乐有着特殊的兴趣爱好。这种爱好在于他们喜欢节奏感。节奏带动着韵律，是音乐的骨，而毽中的节奏是外化的干净利索，绝不拖泥带水。

“真”派，至此，便慢慢接近上乘功夫了。它强调的是一种轨迹，由点到线，由线到面，不再是一维的世界，而是三维的立体美感。文字的平淡已经无法诠释其真谛，只能靠学习者渐渐领悟其中奥妙便是。

可以说“恰”派多少与中庸之道有着密切关系，所以我们言毽子之“恰”派要多少带着儒学精神来看，那不温不火，动静相宜的完美只有知行合一的高级毽者才能达到了。

还有“巧”派这一派，乃是内外兼修的功夫，既要将身体之美表达出来，又不喧宾夺主而失毽之玲珑，达到物我两相宜，其巧可叹了。

继而言“变”派，所谓庖丁解牛妙世故，便是如此。此变在于雄厚的基本功，巧妙的身法，以及对美的敏感。道生一，一生二，变化万千，无穷无尽。

我个人最爱的是“改”派。每每看到这“改”字，我便想起“亢龙有悔”。万事万物终究是水满则溢月满则亏，此过有改之之处，才是人之法天地，顺自然。

最后一招，自然是天下大同，毽林绝学的“整”咯。无论基本功也好，后期加花也罢，要整合在一起，才是美的终极集合。大功告成，则独步毽林，独孤求败了。

其实，这样的想法并不是我的臆想，毽子分品，是百年前的事情了。其最初级是土级。说起来这个级别很有意思，土代表大地。大地生长万物，是万物之根本。刚接触毽子的人就仿佛被土地滋润着的幼苗，虽然总有一天会长大，但是根永远在。另外，土上面交叉的“十”仿佛毽子的运动轨迹。刚刚入门的菜鸟踢起来当然竖一下，横一下的，这也，太形象化了吧。当然了，还有老先生将之解释为这是一项山外有人的体育运动，它的千变万化皆天机，这种上不封顶从菜鸟就应该有这样的意识。倘若“土”变成了“王”则失却了所有进步的理由。毽者不称王，这是一个谦虚的民族退潮后留下的过痕。

第二品，便是“米”级。这种级别看起来很难解释，实则是一幅画儿。你仔细看“米”字，会不会渐渐觉得那撇捺点在流动飞舞。如果看到了，恭喜你，先去查查视力吧。但，经过大脑加工的话，就会觉得那撇捺点就是小小的毽子在跳跃。所以这“米”级的人已经具备了踢毽子的一切素质了。

第三品所谓“粮”品，米拥有的多了，才能成为人类的粮食。所以粮的繁体字并非米之精良而是米之数量（糧），掌握了基本的花毽姿势，并简单地组合起来，这便是第三品了。这已基本上具备了投入青城门下表演屁股朝后平沙落雁式的资格。有此一品的人，起码游走在各大晨练场所会引起人们的注意了。

当然，这还是远远不够的，第四品的“会”品才是晋级境界。这需要踢毽者具有很好的“围裹”能力（团队精神），踢法也要掌握到至少二三十种之多，达到这样的级别，才好意思和踢毽界的人打招呼，才算是真真的第一步踏入江湖。

继而就是一入江湖岁月老的时刻，什么“懂”品、“好”品、“高”品、“妙”品的，都不再是传说。这些的要求不但是在自己技艺上逐步地提升，更是要具有高山流水辨认知音的能力，以及薪火相传的责任感使命感，并且最终达到毽我合一，我即是毽，毽即是我的妙境。这便已经进入到了一种人生哲学的境界，在毽子这小小的羽毛间涂抹了自己的味道。

怎么样，这确实是个够叫人着迷的世界吧。可是这还远远不够，尚有“仙”品和“神”品未曾隆重出现。这二者仿佛世外高人的一抹微笑，可遇而不可求，倘或一定要说区别的话，则“仙”品多少还带有一些人类色彩，而“神”品你也只好说，“请问你是孙猴子请来的救兵么”，或者，请问，这里是张大胡子导演的拍摄现场么？

扼腕，那些风流云散后再难看到的身影。

一枚小小的毽子，在女子一弯金莲之上颠倒来去，于是，请容许我再感慨一番，有人的地方，就是有江湖。

华山之巅归来，望着手中雕毛制成的毽子仿佛有些不真实的感觉，为什么还是一直觉得它和满清文化有着解不开的疙瘩呢？终于在记忆的最深渊，挖到了一坨来自瑾妃的影像。将之伸展平整，回忆也逐渐清晰，确然，我在某次翻书的时候看到过一个叫做唐海炘的人的回忆。

此人是瑾妃的侄子。他写过的一篇《我的两位姑母——珍妃、瑾妃》的文章。是若干年前，我对溥仪有着深厚兴趣的时候顺便看过的。

这种回忆除了刻有太过鲜明的政治色彩外，还是很可信的。又找出来的时候便看到了这样的记述：

> 瑾妃亲自带我们到御花园里走走，但更多的时间是在前殿踢毽子玩。踢毽时瑾妃要把大衣襟的下摆拉起来塞到腰搭上，和我赛着踢、对着踢。当她自己踢时，越踢越带劲，有时把毽子踢到前殿挂匾后边，这时宫女便传来小太监用竹竿弄下毽子再接着踢。姑母踢毽子的姿势很好看，前踢、后踢、左踢、右踢，雪白的鸡毛毽子，在姑母脚下来回旋转。太监和宫女在旁边喝彩叫好：'瑾主妃踢得妙！'就这样，一直踢到进晚膳才算罢休。

满族女子天足，踢起毽子来也越发比"忘却玉弓"的裹足女子豪迈，从技巧上来说，至少是"米"品中人。虽然少却了淡淡的叫人遐想的古典气息，更要原谅这位一日三餐在午睡前晚睡前各加两餐、并有甲状腺肥大病史的晚清妃子的形象时不时地进入脑海。但毽子，确然已经成为了闺阁的寂寞生涯中不可或缺的玩伴之一。清冷后宫，无数倾轧，皇帝尚且不能自保而最终死因成为谜团，而瑾妃这样的先朝遗孀也只能人老后宫，无欲无求。在这种无法言说，却永永远远延伸下去的寂寞中，一枚毽子的陪伴，多少增添了一些欢乐的时光。

因之，毽子的踢法才会渐渐的如此多样，因之，毽子才会成为闺阁女儿的宠物。她们精挑细选地盯着骄傲的大公鸡屁股上的羽毛，挑好铜钱的重量，用柔软的绡包裹，那上面承载了女儿所有的快乐，那种认真，是一种憧憬吧。

于是我从陈维崧的笔下看到这一切的时候，才觉得毫不讶异，才觉得理应如此，才觉得，有这样一个大词人珍藏了这样的女儿时光，是一种幸福。这次，我慢慢地读出来，也请阅读中的您一定别跳过任何一个字：

> 娇困腾腾，深院清清，百无一为。向花冠尾畔，翦他翠羽；养

娘箧底，检出朱提。裹用绡轻，制同毬转，簸尽墙阴一线儿。盈盈态，讶妙逾蹴鞠，巧甚弹棋。

鞋帮只一些些，况滑腻纤松不自持。为频夸狷捷，立依金井，惯矜波俏，碍怕花枝。忽忆春郊，回头昨日，扶上栏杆剔鬓丝。垂杨外，有儿郎此伎，真惹人思。

——陈维崧《沁园春》

“百无一为”的女孩子悄悄靠近花冠鸡，“翦他”二字甚是有趣，仿佛一个恶作剧的小女孩儿一手提着鸡毛，一手提着剪刀对着捂着屁股喊疼的大公鸡得意洋洋地笑着。这画面还真是恶趣味呀。这小姑娘继而又跑到乳母的藤筐里乱翻，检出一块铜钱（朱提，是朱提银的简称，这里我们很有必要认为是钱的代称，因为一块银子拴在毽子下面砸在脚上，实在是件很疼的事情）。很熟练地用鲛绡包裹，一会儿就做出了一个毽子来。不得不承认，古人在动手能力方面真的是远胜今人。继而便是这好胜的女孩儿为了向别人夸耀自己踢得如何的好，还站在井边来踢。真是颇有慧光风范啊！当然，古代男子果然对女子的脚有着特殊的审美爱好，“滑腻纤松”虽然是在说鞋，但其内的那双金莲自然叫人遐想异常。毽子，这种飞腾在足间的美也许被古代男子看到的比我们今人看到的更多。词之尾，将这运动调入相思，那便是打上更深的一层闺阁烙印，任何一点情韵的拨动，都在豆蔻的女孩儿心间泛起涟漪，更何况是毽子，这闺中不可或缺的玩物呢。

毽子，从足尖的舞动到腰肢的摇曳，处处透露着女孩子曼妙而叫人浮想联翩的美丽，也承载了千年沉甸甸的寂寞，究竟足下还有怎样的故事？便只是我们今人所能遐想而不能亲身体验的了。因为，我们的脚已然和男人一样坚实地踏在地面。

恰一场青春的呢喃

青春是什么？是女孩子一觉醒来面上的羞涩，是闺阁里拨弄心弦的一缕清风，还是不小心滴落在秋千边上的一滴泪珠。或者是每个盼望着盼望着的节日，或者是粉墨间分不清的你我，又或者，只是落花冢边的一片遐思。那一切，只是因为，我们已经长大。

长大得足以拥有另外一个人，长大得学会了牵肠挂肚。长大得学会对求之不得，寤寐思服。长大得成为了别人的所谓伊人，在水一方。就是这样悄悄而匆忙，告别了童年的小玩意儿，在瑟瑟的春风里学会自己的思量。

直道相思了无益，便将生命放逐在难得的一次次游艺的欢笑中，走过他的身旁，用明眸善睐告诉他，有一种情愫叫做爱。古典地、缓慢地点燃一场夜空的浪漫。

闺阁的纱幕翩然起舞于最昂贵的爱情面前。

拉扯住的相思——风筝

很多年前，我有一个梦想，怎么低头看书，都不会觉得脖子酸痛。后来，一个放风筝的老人教会了我一直向上看。

显然，放风筝是养生之道。

很多年前，一个叫做鲁迅的人有一个梦想，他希望能够为他的兄弟放起一只被他打击掉的属于他兄弟童年梦想的风筝，才发现，童年的梦醒了以后就永远不会再回来。

显然，放风筝是孩童们的游戏。

而当一个人走在街上，忽然唱起“人说恋爱就像放风筝，如果太计较就有悔恨”的老歌的时候，才发现，原来风筝属于爱情。

显然，放风筝是荷尔蒙的跳跃。

无论是对于老年，少年，还是恋爱季的青年，在春日冉冉升起的风筝，总羁绊着无数的寄托在空中摇摇曳曳地划过。

其实我是想说，当这种游艺进入了闺阁，便被涂抹上了一笔一画的闲愁。

本着一贯打破沙锅问到底，不知来源誓不休的彪悍精神，我便又去拷问古籍。古籍对我很愤懑，抛给我一个叫我很伤心的答案。风筝最早是用于战争的。

还记得有一个人叫做鲁班么？对，就是他，他闲着没有事儿的时候，经常喜欢发明创造个锯子呀，墨斗呀什么的。总之这位手工业的祖师爷在开动他十二分的智慧后，发明了一项在当时实在没有什么太大用途的东西——木鸢。但是这项发明被他的对手兼 fans 墨子小抄在了自己的大作中："公输子削竹木以为鹊，成而飞之，三日不下。"并且他还记录了自己实验失败的惨痛教训，他说："墨子为木鸢，三年而成，蜚一日而败。"真是丢人呀！做了三年，飞不到一天就散架了。所以偶像只能是偶像。

这种木头做的小鸟说起来也只是叫人第一次看到的时候说，哇塞，很好很强大。第二次便兴趣缺失地走开了。但是我们却依稀可以看到了风筝的雏形——以竹为骨。好吧，就算是人类爱好飞翔的众多尝试之一，鲁班被光辉地又一次记载在了历史的史册上。

但是无用的东西到了有智慧的、勤劳的、勇敢的中国人民手里，往往会变成无往不利的武器。比如说一两个集中在韩信身上的小传说。作为一个最爱散布与收集八卦的我，果然搜罗到了这样一则消息：传说中的四面楚歌原来还有风筝的功劳。那个时候，它还叫做木鸢。事情是这样的，在一个夜黑风高，项羽睡不着他的麾下更睡不着的垓下夜晚。十万人在项羽的周围枕戈待旦。本来一举歼灭士少粮绝的楚霸王也不是不可能的事情，但是韩信作为一个爱好猫捉老鼠的战将，硬碰硬显然少却了战争的快乐，于是他决定让楚霸王更弱一些。他想出了一个绝顶计策——唱歌。这个唱歌的人不是一般的美声歌唱家，而是一个要身材弱小，轻盈的，精通第二门外语——楚语的演唱者。美妙的空中音乐歌唱会就此拉开序幕。可以想象么，一支美妙的音乐在空中飘荡，一个轻盈的女子驾着风筝，仿佛天外飞仙，唱出兵败的人故乡的歌曲，每一句都仿佛母亲的召唤。汇集在一起的歌声感染着每一个人，楚霸王也忍不住要弹剑高唱“力拔山兮气盖世”了。人人都渴望结束的时候，人心便散了，队伍不好带了。绝顶的智者看着这样一幕，露出了开心的笑容。鲁班，你真是万能的。是的，正史上没有这样的记载，不过看过《无极》之后，我觉得这个场景可以有。

当然，比我更乐意搜集八卦的宋人高承说，其实被贬为淮阴侯，污蔑造反的韩信做了很久很久的图书管理员之后，终于不甘寂寞地，把造反这顶帽子正经八百地戴在头上的那天，又使用了风筝。为了实现自己的目的，他打算和已经在外谋反，正在接受刘邦平叛的陈豨里应外合，攻打长乐宫。但是长乐宫的守备森严，为了不打草惊蛇，他采取了地下作业的攻击战术，一直挖一直挖一直挖，挖到有一天能够忽然地冲到刘邦面前，给他一个 surprise。当然，吕后当朝，效果同样有效。但是作为一个路人，他必然不清楚宫殿的台阶有多少，城门到达内城要多远，万一探出头来迎面看到的是保全人员，被当打地鼠砸了，那就大大不妙；万一挖过了，也是比较悲惨的。所以侦察是必须的。侦察方式则又是风筝，翱翔于未央宫之上，一切尽在掌握。

上面的故事给我们提供了一个信息，那就是，风筝是可以载人的。

它寄托了人类我要飞得更高的梦想。

请不要蔑视地看着作者说你为什么总讲述老百姓自己扯淡的故事。因为在《南史·侯景传》上确实记载了载人风筝的成功案例。一个叫做黄头的人（这名字绝不是化名）参加了一项有来无回的皇家体育运动。这项运动的发明者是北齐文宣帝高洋。他给这项运动起了一个很高雅的名字：生。这个运动就是使囚犯们从高耸入云的金凰台上往下蹦，他坐在边上体验别人飞翔的快乐。后来我们叫这种极限运动为蹦极。不过显然，他忘记给蹦极者脚腕上拴绳子，取而代之的是硕大的风筝。我真不知道这个皇帝为啥能这么有创意。这项叫人很无语的运动经常性发出的声音就是："啊——啪！"有的时候坚挺的人发出的是："啪！啊——"这样的声音绵延不绝，直到黄头出现，他平稳地滑落着陆于紫陌，创造了人类史上的又一奇迹。虽然可惜的是高洋这说话不算话的帝王没有放走他，最后将彼饿死在大牢之内，但是风筝带来的奇迹却无法磨灭。

风筝用来救命是木鸢到纸鸢的一个转折点，事情发生在唐代，唐德宗建元二年，田悦叛乱的时候，张伾镇守临洺关，于是一场"我要进去""偏不给你进"的攻守战争正式开始。那时间长度是以月计算的。但粮食储备总有一天会用完的，最终这位大人把自己的女儿推出来说，我是清官，啥也没有，你们要是能给我点粮食，我就把我女儿卖给你吧。事情就是到了这种卖儿卖女换大米的地步了。可是援军还无法知道这城里的确切情形。急中生智的张大人发现风鸢——风筝的又一花名，很可能就是张大人那可怜被当做货物出卖的女儿的玩具——应该这样用：他"以纸为风鸢"上写三个大字："救命啊！"好吧，那三个字是作者杜撰的，史书上只说是告急之言。纸鸢就这样飘飘荡荡抵达援军大营。内外夹攻，以一敌百，无往不利等等词语便可以形容这场战争了。从此，纸鸢代替了风鸢，小巧轻便地翱翔着。

就差一步，纸鸢就走到风筝这里来了。其实这也是笔者我最纳闷的事情，明明是鸟一样的飞翔，和乐器有什么关系呢？莫非从前天上飞的风筝都是四方块？后来一个晚唐诗人高骈抛下一首名叫《风筝》的诗，深刻地诠释了我的猜疑。诗是这样写的："夜静弦声响碧空，宫商信任往来风。依稀似曲才堪听，又被移将别调中。"不是的吧，难道风筝果然如琴一般可弹？虽然说以风为手，以风筝线为弦的妙境可以接受，但是真实的，在春天经常扛着风筝在广场乱晃的笔者却绝少能听出风筝线吟唱出的宫商角徵羽。莫非是现今的风筝哑巴了？后来，我又和老杜交流，发现他对风筝的描述更为惊人：“风筝吹玉柱，露井冻银床。”这莫非描写了一个风筝放不好的人，风筝被风吹撞到柱子上的悲惨情形？显然不是，因为这首诗题叫做《冬日洛城北谒玄元皇帝庙》是老杜在忧国忧民的基因下写下的一篇慷慨文字。以及元稹的“鸟啄风筝碎玉珠”、李商隐的“西楼一夜风筝急”，等等。这莫名其妙开始乱响的风筝还真是叫人头疼啊。所以，无知者常常无畏地表示唐代的风筝有着过于神奇的装置，可惜我们现在失传了。

这是大错特错的。

明代的杨慎在他的《升庵诗话》卷一“风筝诗”条告诉我们说：“古人殿阁，檐棱间有风琴、风筝，皆因风动成音，自谐宫商。”说白了，唐代人所说的风筝其实是我们现在看到寺庙或者宫殿房檐下挂着的风铎。那么日后你我看到“挂风筝而动韵，赓律吕与天籁之齐音”也便可以感受到佛国之庄重，而不会觉得满眼忽然钻出很跳戏的“又是三月三，风筝飞满天”了。疑问来了，究竟是哪个没溜儿的人把这么一个奇怪的名字安给了纸鸢，逐渐代替了它呢？同样也是明人，叫做陈沂的，给了我们答案。他在《询刍录》中说：“风筝，即纸鸢，又名风鸢。五代李邺，于宫中作纸鸢，引线乘风为戏。后于鸢首以竹为笛，使风入竹，声如筝鸣，故名风筝。”可见这里把风筝的命名权丢给了五代的李邺。朗瑛的《七修类稿》也异口同声地承认这个观点：“纸鸢本五代汉隐帝与李邺所造，为宫中之戏者。”事实上，我们翻阅典籍的时候也确实发现，宋时的很多典籍上再称呼纸鸢，便已经是以风筝相称了。其原因就是李邺同学改进了风筝，使得一只哑巴风筝开始在天空中歌唱，发出的筝筝的声音，向苍天在问候吧。

风筝代替了纸鸢，筝的柔媚代替了鸢的乖戾，战争终于柔化于纤纤玉手。于是三月三的春光中，多了那么多彩裙摇曳，多了那么多女儿心事，满满地画在天空，放逐在未知的天际，带走不能说的秘密。

风筝其实常常成为一种象征出现在女子的世界里。它带来了一点期待，一点羁绊，又有那么一点不安。这感觉和爱情的情绪是那样的相似，时至春暮，百花也要谢却的时节，一切都和离别扯上关系的时候，女孩儿的那种不安全感不确定感便全然地出来了。所以闺阁女子写风筝的诗歌便特别多。像钱谦益在《列朝诗集》中收录的金陵名妓杨宛的《看美人放纸鸢》的七绝五首便尽写了风筝寓意：

共看玉腕把轻丝，风力蹉跎莫厌迟。

顷刻天涯遥望处，穿云拂树是佳期。

是写闺阁女儿之盼。这种盼是盼远方征人，是盼觅封侯的夫婿，还是盼偶一邂逅便不复重逢的游子，没有人说得清楚。

愁心欲放放无由，断却牵丝不断愁。

若使纸鸢愁样重，也应难上最高头。

是写女儿之愁。此牵肠挂肚之忧愁真是青山载不动，碧波浮不起。

羡伊万里度晴虚，自叹身轻独不如。

若到天涯逢荡子，可能为报数行书。

则是慨叹身非自在身，闺阁之禁使得比邻若天涯，这女儿的声声闺怨也无外是想求得一人心，从此不相离吧。可是这些心思男人恐怕不会懂，便是会懂，生活压迫，选择萍踪无定的人生也只好抛弃许多。

薄情如纸竹为心，辜负丝丝用意深。

一自飞扬留不住，天涯消息向谁寻。

情薄如纸，竹本无心，如此的爱情，只能叫人肝肠寸断，无招架之力了吧。如果说前面一首尚且有命运的无奈，这一首叫人感慨的就是人情冰冷，倘或没有挥一挥衣袖的勇气，那一切的苦痛不知道要背到什么时候。

时来便逐浮云去，一意飘扬万种空。

自是多情轻薄态，佳人枉自怨东风。

风筝的无情，线断后的决绝，叫人不禁担心起脆弱的情丝会否一如此线。

如上五首诗，是一个风尘女子的情愫。而往往，这些风尘女子才是在爱情中跋涉最深的那个。她们的爱情才更为艰辛易碎。

闺阁女儿惜春时，往往在春天来临之际，便要准备好风筝去放。但是放风筝的季节还是南北大不相同的。清代李调元的《南越笔记》卷一“九日广州琼州风俗”条就比较了广州、琼州、吴中风筝季的不同：“九日载花糕、茱萸酒。登五层楼双塔，放响弓鹞，重阳登高放风鸢。又载，风鸢之戏，广州则以重阳，琼州则以五月，南风盛时，截竹捆布续藤为绳放之，声闻数里。鸢制大可十倍，其说洵然。但余于秋时在琼，春时在广，亦见有放纸鸢者，惟与吴中止嬉春月，风候为特异耳。”响弓鹞就是南方对风筝的另外一种称呼，直到现在依旧有放鹞会这样的风筝大赛，比赛起来讲究的是线要直，飞得高，而发出的声音要自然清和，有韵律感。屈大均的《广东新语》上写：“南海之佛山，岁九月十日为放鹞会。先期主者悬式于鹞场，鹞皆以白楚纸为之，凡两翼，一竿一弓。翼广一尺，以平为上。竿长三尺，弓二尺，弦以竹根片或铜片，以薄为上。主者察之，嵌以印。放日，主者立一竿于地，长二丈。人十人为耦，离竿二丈，约之曰，毋过竿，毋不及竿，出大竿，复出小竿，如是者赏。约已，依次而度，鹞出于竿末，则以线之直上者为上。线已直上，则竿中更吐一竿，高至三丈，又以线之直出于三丈之末者为上。线既直出于三丈之末，又以鹞之声清和中节，而其态回翔合度者为上。”这样的风筝会，在闺阁女子而言应该是盼望了一年的热闹了吧。另外，尚有重阳登高放风筝一说。此时的风筝也是素色的，上面要写上自己不想要的东西，比如“一生不幸事，此日尽消除”，等等。因为中国人认为九是天字号大数，九月初九一过，万物开始转入萧条，人的运势也该是个扭转的时期。于是尽情地把不好的事情丢弃在这个金黄的秋季吧。用剪刀剪断所有的不幸。就让一起随风飘走。

当然，最常见的风筝天气是清明前。这个时候徐徐清风吹拂着嫩绿的枝丫，一切都舒展着腰肢，一如一线系在天边的风筝。几个少年用力地牵着他们手里的线，他们的姿态被定格，折射在笔墨丹青里，陶醉在民歌小词的细碎中，沉淀在律诗绝句的韵律里。

一切都变得美好。

似乎风筝图成为文人的特爱，清代的吴友如的《风筝会》、《时见美人》等图画，把上海女子放风筝的样子完全定格在了历史里。然而像徐渭更是一口气画了二十五幅且幅幅有题诗(《风鸢图诗》)：“江北江南低鹞齐，线长线短回高低；春风自古无凭据，一伍骑夫弄笛儿。”这样的诗句想象奇妙，竟徒手画出了春日天空百鸢争飞的胜景。再如诗人高鼎在《村居》：“草长莺飞二月天，拂堤杨柳醉春烟；儿童放学归来早，忙趁东风放纸鸢。”把孩子顽皮爱玩写到了极致。当然，倘或你到西子湖畔走走，那风筝满天就绝不像前面几位所描述的如此悠闲了。南宋周密的《武林旧事》说：“桥上少年郎，竞纵纸鸢，以相勾引，相牵翦截，以线绝者为负，此虽小技，亦有专门。”这种以风筝撞风筝的游戏规则后来被国外的好多风筝节吸收过去，你看《追风筝的人》中阿富汗的那全民狂欢的节日就大致可以想象得到。反而中国自己越发把放风筝雅化，闲情化，艺术化了。

清人李振声的《百戏竹枝词》里写：“百丈游丝放纸鸢，芳郊三五禁烟前。”隐隐道出了风筝放飞的最后期限，而顾禄的《清嘉录》则更明确地说：“春日竟放，川原远近，摇曳白丝……清明后，东风谢令，乃止，谓之放断鹞。”这就是说，清明的最后一天，便要和今春的风筝说再见了。也许有善考据者又忽然想起《红楼梦》了，那一日（你们懂得的）是否应该定位到清明。或者我这文章开篇的时候就会有人想，为什么还不写红楼，为什么，为什么。并非我不言，实在是写到红楼风筝，就不免要做一大篇文字。把这重量级的所在沉甸甸地压在文尾吧。向曹公致敬。

> 一语未了，只听窗外竹子上一声响，恰似窗屉子倒了一般，众人唬了一跳。丫鬟们出去瞧时，帘外丫鬟嚷道："一个大蝴蝶风筝挂在竹梢上了。"众丫鬟笑道："好一个齐整风筝！不知是谁家放断了绳，拿下他来。"宝玉等听了，也都出来看时，宝玉笑道："我认得这风筝。这是大老爷那院里娇红姑娘放的，拿下来给她送过去罢。"紫鹃笑道："难道天下没有一样的风筝，单她有这个不成？我不管，我且拿起来。"探春道："紫鹃也学小气了。你们一般的也有，这会子拾人走了的，也不怕忌讳。"黛玉笑道："可是呢，知道是谁放晦气的，快掉出去罢。把咱们的拿出来，咱们也放晦气。"紫鹃听了，赶着命小丫头们将这风筝送出与园门上值日的婆子去了。倘有人来找，好与他们去的。
>
> 这里小丫头们听见放风筝，巴不得一声儿，七手八脚都忙着拿出个美人风筝来。也有搬高凳去的，也有捆剪子股的，也有拨籰子的。宝钗等都立在院门前。命丫头们在院外敞地下放去。宝琴笑道："你这个不大好看，不如三姐姐的那一个软翅子大凤凰好。"宝钗笑道："果然。"因回头向翠墨笑道："你把你们的拿来也放放。"翠墨笑嘻嘻的果然也取去了。宝玉又兴头起来，也打发个小丫头子家去，说："把昨儿赖大娘送我的那个大鱼取来。"小丫头子去了半天，空手回来，笑道："晴姑娘昨儿放走了。"宝玉道："我还没放一遭儿呢。"探春笑道："横竖是给你放晦气罢了。"宝玉道："也罢。再把那个大螃蟹拿来罢。"丫头去了，同了几个人扛了一个美

人并籰子来，说道："袭姑娘说，昨儿把螃蟹给了三爷了。这一个是林大娘才送来的，放这一个罢。"宝玉细看了一回，只见这美人做的十分精致，心中欢喜，便命叫放起来。此时探春的也取了来，翠墨带着几个小丫头子们在那边山坡上已放了起来。宝琴也命人将自己的一个大红蝙蝠也取来。宝钗也高兴，也取了一个来，却是一连七个大雁的，都放起来。独有宝玉的美人放不起去。宝玉说丫头们不会放，自己放了半天，只起房高便落下来了。急的宝玉头上出汗，众人又笑。宝玉恨的掷在地下，指着风筝道："若不是个美人，我一顿脚跺个稀烂。"黛玉笑道："那是顶线不好，拿出去另使人打了顶线就好了。"宝玉一面使人拿去打顶线，一面又取一个来放。大家都仰面而看。天上这几个风筝都起在半空中去了。

一时丫鬟们又拿了许多各式各样的送饭的来，顽了一回。紫鹃笑道："这一回的劲大，姑娘来放罢。"黛玉听说，用手帕垫着手，顿了一顿，果然风紧力大，接过籰子来，随着风筝的势将籰子一松，只听一阵豁剌剌响，登时籰子线尽。黛玉因让众人来放。众人都笑道："各人都有，你先请罢。"黛玉笑道："这一放虽有趣，只是不忍。"李纨道："放风筝图的是这一乐，所以又说放晦气，你更该多放些，把你这病根儿都带了去就好了。"紫鹃笑道："我们姑娘越发小气了。那一年不放几个子，今忽然又心疼了。姑娘不放，等我放。"说着便向雪雁手中接过一把西洋小银剪子来，齐籰子根下寸丝不留，咯登一声铰断，笑道："这一去把病根儿可都带了去了。"那风筝飘飘摇摇，只管往后退了去，一时只有鸡蛋大小，展眼只剩了一点黑星，再展眼便不见了。众人皆仰面睃眼说："有趣，有趣。"宝玉道："可惜不知落在哪里去了。若落在有人烟处，被小孩子得了还好。若落在荒郊野外无人烟处，我替他寂寞。想起来把我这个放去，教他两个作伴儿罢。"于是也用剪子剪断，照先放去。

探春正要剪自己的凤凰，见天上也有一个凤凰，因道：“这也不知是谁家的。”众人皆笑说：“且别剪你的，看他倒像要来绞的样儿。”说着，只见那凤凰渐逼近来，遂与这凤凰绞在一处。众人方要往下收线，那一家也要收线，正不开交，又见一个门扇大的玲珑喜字带响鞭，在半天如钟鸣一般，也逼近来。众人笑道：“这一个也来绞了。且别收，让他三个绞在一处倒有趣呢。”说着，那喜字果然与这两个凤凰绞在一处。三下齐收乱顿，谁知线都断了，那三个风筝飘飘摇摇都去了。众人拍手哄然一笑，说：“倒有趣，可不知那喜字是谁家的，忒促狭了些。”黛玉说：“我的风筝也放去了，我也乏了，我也要歇歇去了。”宝钗说：“且等我们放了去，大家好散。”说着，看姊妹都放去了，大家方散。黛玉回房歪着养乏。

这是一段何其经典的文字。一个落风筝引起的联欢。且不说只是几个风筝，便使得人物鲜活，栩栩如生。也不说曹公的草蛇灰线兴趣又发，把定时炸弹暗暗埋下，单是其中风筝的样式之多，光是宝玉就从大鱼到大螃蟹到大美人，再加上探春的凤凰，疑似娇红姑娘的大蝴蝶，还有莫名其妙绞进来的双喜字，叫人感叹曹公对于风筝必然有一番研究。而放风筝的场景更是叫人无法不置身于其中，怎样的由丫鬟放起，怎样的由小姐接手，最后放掉晦气。这整个过程若非红楼有载，我们今人就又不知道会臆想成什么样子了。而从黛玉那句淡淡的“那是顶线不好”便隐约可见行家里手的慧眼如炬。

曹雪芹是个会做风筝的。或者我们可以推测，倘若没有了生活支撑，他起码也可以靠做风筝来维持度日——只要他愿意。因为这是确有真实案例的，这件事儿记录在《南鹞北鸢考工志》自序中。那一年，靠卖画为生的老朋友于景廉登门拜年。这原本是件稀松平常的事情。可是这个老友因为征战而跛足，作为一个残疾人，能“迂道来访”必然不是一次单纯的拜年。果然，话未几句，老友已然是泫然欲泣，说，家里面没米没柴已经揭不开锅了。作为一个真实事件，我不打算有半点调侃在里面。事情的真相就是如此，“小儿女辈，牵衣绕膝，涕饥号寒，直令人求死不得者矣”，这样的情景使得曹雪芹不安，可是作为同样落魄的文人，他所能帮到的只是杯水车薪。也只好把这位老友留在家中，表示有我一口吃的，就饿不着你。这是最真挚的情谊，即便情谊不能当饭吃。不久，有消息灵通人士称富家子弟一个风筝一掷千金的。曹雪芹便扎了几个风筝，拿去卖得一些钱，并连同手艺全部交给了老友。然而这年的除夕，这位老友居然带了厚重的礼物来看他。卖了三五个风筝，便足够他们两家过一个肥年的了。虽然这所谓肥年不过是年关之时全家能吃顿肉而已。贵介公子手指间稍微流出来那么一点点玩乐的钱，便是一户人家偌大的肥年。叫人只剩下感慨了。但是也正是因为卖风筝确实是一个好营生，所以曹雪芹在创作红楼之余，随便写下了这本天下第二的风筝谱。

这本书之所以说是天下第二，因为第一本是那个做啥都挺好就是做皇帝十分不行的宋徽宗的《宣和风筝谱》，已经亡佚了。那么不如晋升它为天下第一吧。可是，借用曹老先生的那句话：“美中不足今方信。”在流传的过程中，这本发家致富宝典就只剩下上半部了。顿足捶胸地慨叹道世上没有阿衡。而上半部的流传还是非常艰难的。话说在1943年的北平，北华美术学院里有一个学生叫做孔祥泽的，此时的他要完成的任务是和一个日本人合作编写一本关于风筝的书。在编辑过程中，那位日本合作者居然搞到了一本罕见的书，这对于编书来说自然是大好事一桩。而这部书当然是不轻易示人的，因为它是被用重金从一位清皇室手中买到的。它的名字叫做《废艺斋集稿》。这书只能是由主人带来，眼睁睁地盯着孔祥泽抄，抄完了以后他当天还会拿走，从不会留着过夜。孔祥泽只能捡风筝的部分努力地用铅笔抄写描画，在那个没有扫描，拍摄技术又十分不好的年代里啊，真让我们现在围观的人想夺过孔祥泽的笔多抄些，再多抄些。1945 年来得很快，日本战败投降，这本书也随着它的主人（咳咳，真不想这样称呼那个不知道哪里去了的日本人）消失在了茫茫的日本海，从此再没有人得缘再见到一眼。从此，成永诀。

该怎么伤痛好呢？只剩下作为中国人的一声叹息。

不过凭借着孔祥泽记录下的图谱以及口诀，手艺人们做出精美绝伦的实物，以此名家传世者大有人在。雪芹公此书果然是泽被千秋。不过这些手艺人们也绝不会把自己做的风筝以自己的姓氏命名，大家异口同声地说，这是曹氏风筝，说得叫人觉得鼻子酸酸的。他们不是曹雪芹的后人，却愿意传承下他的愿望。

那个专为女儿作传的曹公最终流传下的是遥系着闺阁女儿梦想的风筝。这风筝遥遥迢迢的仿佛昭示着，快乐是那样的易断。闺阁的情愫，什么是快乐，什么又是忧伤，没有人会说得清楚。

在哪里，在哪里见到你——那些属于星空的游艺

时间回到2010年，如果说一个非宅女在法定假日的时候想要出去玩会儿去哪里呢？选择很多，找三两个驴友出去游荡，或者招呼几个朋友游泳、泡吧、逛街。最文静的女子也可以跑去咖啡店，叫上一杯咖啡，放松下紧绷的神经。

其实我想说的是，古人也不是没有压力的。很多每天缠绕在女红家务之间的闺阁女子纷纷表示压力很大。压力大不是好事情，适时地去放松也是一定的。但是我们熟知的所谓“大门不出二门不迈”，虽则流行的时间并不能占书面文明的二分之一，但是娴淑是整体中华文明对闺阁女子的基本要求。于是，法定假日也会成为她们盼望着盼望着的重点对象。我现在所说的这法定假日是特定的值得期待的日子，而并不是所有我们能想到的日子，因为毕竟，很多日子，作为主妇的她们也是会很忙的，祭祀什么的也是叫人很头疼的事情。

当然，古代的三月八日是没有的，满街叫嚣“另外半边天，向你们

致敬”的口号也是不存在的。可是半边天这种说法在古代有另外一个名称，叫做“阴”。“阴”相对的是，月亮。

是的，几乎所有的月亮节都是为女儿准备的，中元鬼节除外，不过死了的人和女子都被归为与“阳”相反的那一类，作者表示很无奈。于是我们从上元这样一个热情洋溢的日子开始说起吧。

上元，又称元宵。虽然这是一句基本上可以看起来是作者为了凑字数而不得不写下的话，但是我们要清楚元宵二字的含义。元，是道可道非常道里最为玄妙的“一”，而宵呢，你一定要说，就是夜晚咯。我要说的是，“宵，阳气消也”。是的，这是被认为是新的一年里第一个阳气最消之日。也是所谓阴气最旺的第一日。好吧，不要以为我要开始莲蓬鬼话了，其实这里，只是想高呼一句，女孩子们，这一天，请尽情地玩乐吧！

这一章里作者想要先确立下这样一个思想，那便是，所有的节日常常最先起源于一种祭祀，所以我们在古中国的节日里常常会很想知道这个节日是哪个神仙在执掌。然后好去拜拜啦。在拜拜的同时，聪明的人类想到了许多娱乐神仙，同时不知不觉就娱乐了自己的游戏活动。也就不知不觉地成为作者豹一般的敏锐去捕捉的内容了。

则元宵节，这个我们大家端着元宵很开心地吃的节日是起源于谁呢？如果你小时候有幸和作者同样有一个爱好讲民间传说的外婆，那你就一定会大叫，元宵姑娘。好吧，童年美好回忆就此退散，关于那个爱制造谣言的东方朔也暂且叫他回归到《滑稽列传》中去。元宵姑娘的故事可以有，但是点花灯吓退火神的故事就不靠谱了。对于这种把除夕的传说嫁接到上元身上的做法我是很鄙夷的。因为上元节在汉代要祭祀的乃是大大大大的神仙，汉武帝叫他做“天帝”。这是个凌驾于五帝之上的更大职称。想来伏羲、神农、轩辕、少昊、颛顼都是何其了得的人物，尚且屈尊其下，此天帝为何配帝呢？那个以道开国以儒立国的汉代说，是太一。且不去追究太一究竟为何物，但是倘或把他说成是屈原笔下的东皇太一似乎也无不可，但我愿意认为的是所谓太一，应该是道所论生万物之所在。

这注定了元宵节是一个宏大得要出动皇家与万姓同乐的节日。这一天，从黄昏起就要用盛大的灯火来祭祀，通宵达旦，亮如白昼。我常常想这是否是要向太阳神致敬，还是一种对于死寂的黑夜的抗争。

当然以上我们可以看做是汉民族文化对于新年第一个月圆之夜错综复杂的情愫。然而当佛教传入以后，正月十五又随着彼的兴盛而呈现出另外一番热闹。在我看来这种热闹带来的最实际的表现就是莲花形的花灯的增加，冉冉地摇曳出佛国的气息。

不过道教有其自在的说法，他们说三官会在正月十五、七月十五、十月十五来临人间，至于是惩恶扬善，还是有求必应，还是什么的就叫人不得而知了，所谓天官赐福，地官释罪，水官解厄，谁也没有见过，也是不好说的。不过这上元灯节执掌者天官大人据说是极爱娱乐的，他也许就爱看人家欢乐，自己也就很欢乐了吧。

于是联系起太一大人对于光明的要求，佛教对花灯的热爱，天官大人对欢乐的喜好，所以“正月十五闹花灯”是字字珠玑地表现了儒释道三种哲学在中国人生活中美好融合。

当然，神仙什么的都是浮云，这一天真正的意义在于唐宋以来的宵禁会在这样的日子里解除，所有的人都会走到街头提着花灯，去张望外面的世界。这个时候那些裹足或者不裹足的女子望着繁华的都市，与陌生的男子擦肩而过。还等什么呢？在这样一个人圆月圆的日子里，邂逅，是不可避免的美丽，留在心底的悸动，无以言表的思念都会在这一天表露无遗。所以才会有“去年元夜时，花市灯如昼，月上柳梢头，人约黄昏后。今年元夜时，月与灯依旧。不见去年人，泪湿春衫袖”这样的感慨。一别便是一年，闺门的幽静把相思拉得太长，所以作者实在觉得赏灯果然只是个借口啊。一盏盏灯光下照耀的暧昧，古典而绵长，仿佛蕴藏了多年的美酒，给人回味而没有辛辣。那份期盼与分别的恋恋不舍，似乎取代了一切宗教的政治的祭祀的外表意义，而绽放出爱情的花朵。

我曾读过这样一首诗："火树银花触目红，接天鼓吹闹东风。新欢入手愁忙里，旧事惊心忆梦中。但愿暂成人缱绻，不妨常任月朦胧。赏灯那得功夫醉，未必明年此会同。"读过之后不知道是个怎样的心境。如此乐境，听到的却是一种无奈的叹息。有时候爱情就是这样的"那得功夫"。一切的美景不重要，一切的人不重要。只有眼中的彼此，指尖的彼此，只怕的是离别之后一切噩梦又重新来临。仿佛对面的彼便是可以改变了卿卿整个世界，带她脱离所有现在悲惨的那个。人生得此一知己，哪怕是只有片刻的工夫，也将它过成一生吧。明年的灯下不再有我，也许只有这消失的烟花能够记得。我之所以这样说，因为这个诗人是朱淑真。一语成谶。

谁说爱情就不是女人的最喜爱的游戏。它有着强大的吸引力，又有着强大的杀伤力，这场游戏中的失败者将失去一辈子的欢乐。

可是，依旧的，她们喜欢这场赌博。

有这样一个女子，她嫁入太尉府中，成为这位太尉的妾室。因为史书上记载的潦草，我实在不知道她是第几姨太。但是很显然她并不幸福，或者说也许她的日子过得几乎窒息。于是这年的上元，她发布求救信号一样在绢帕上写下了这样的字："有情者若得此物，而欲与妾一面者，可于来年元宵在相蓝后门相候，车前有鸳鸯灯者，是也。"她把它包裹在一个香囊的外面，丢弃在佛前。这是一种祈愿还是一种呼喊，没有人知道。或者她将继续在太尉府消耗着自己的青春，慢慢枯萎。幸好一个张生（此张生非彼张生）捡到这香囊，在次年的上元节赴约。一丝希望变成了美梦成真，这女子便成功与赴约的人私奔姑苏而去。她成了这场赌注的胜利者，虽然是极少数的。

不过我很庆幸的是显然司马光不知道这个故事。对，就是那个小时候砸大缸，长大了写史书的人。因为有一个上元节他老婆对他提出了一个要求，那就是，我要去赏灯了。他郁闷地看着老婆说，咱家开了这么多灯，你就在家看呗。老婆大人摊摊手说，谁要看灯啊，我要看的是人。司马光很无奈地指着自己的鼻子说："难道我是鬼咩?"不过老婆大人还是坐上车和他挥一挥衣袖地看灯去了。好吧，我承认她只是一个人类行为观察爱好者。

当然，并不会是花灯会上的所有人都是来铤而走险的。常常夫妇出游看花灯也是政府允许家里同意的。夫妻二人其实同时双双出门的机会是很少的，利用这个公共假期能比翼而出，也会促进夫妻感情吧。像宋徽宗那天登城眺望的时候就看到足足至少有五千对夫妇情侣把臂同游，我估计他一晚上净数数来着。

事实上那一天除了挂灯笼还有歌舞表演呀，面具舞会呀等娱兴活动。越往近代，娱乐节目就呈现出越发繁富的倾向。皇帝大人这天也要与民同乐，像刚才提到的宋徽宗，他就很快乐地登上城楼叫大家瞻仰圣颜，皇帝更是快乐地说，你们谁看到我了，就赐酒一杯。这种类似于交通广播电台抽奖大礼包一样的活动引起了人潮汹涌。其中一对夫妻不幸被冲散，那老婆正好碰到皇帝赐酒这样千载难逢的好事情。她一饮而尽后忽然想起这是个不能纪念的记忆。既不能拿到纪念品，也不能如同和领袖握手后从此不再洗手。她看了看手中的杯子，思考片刻，觉得好吧，就将此杯作为纪念。不幸的是，她这个类似于偷盗（和领导亲密接触是幸运人的事儿，不能说是偷）的行为被发现了，于是她获得了一个纪念大奖：押到御前审问。这下距离皇帝大人更近了。宋徽宗问她，你为什么要偷杯子啊?（皇帝陛下那天的心情甚好啊甚好。）这女子还真不是一般人。她投其所好地看着宋徽宗，张口就唱起歌来。歌词是："月满蓬壶灿灯灯，与郎携手至端门。贪看鹤阵笙歌舞，不觉鸳鸯失却群。天渐晓，感皇恩，传宣赐酒饮杯巡、归家恐被翁姑责，窃取金杯作证明。”真真是奇才。这样的女子，我再不忍心说她偷盗。宋徽宗和我一样。把金杯赠与了她，一者作为纪念，二者也向夫婿证明，我和大皇帝陛下在一起，情人什么的都是传闻。

同样是皇帝，朱元璋似乎对于女儿的宠爱更重一些，作为一个草根阶层出身的帝王，当然他并不是只对会作诗的女子和颜悦色，仿佛看到天下女子在这一天纯真无邪的笑颜，他便会觉得很开心。他有一位大臣，是个赞礼郎，这官职是专门负责祭祀仪式的，于是他在掌管上元祭祀的时候提出，那些来看灯的女生不可以笑那么大声，很不斯文。皇帝陛下您要是管理不了她们笑的话，那就麻烦您给她们划定个区域范围到那个特定的区域去笑吧。这位大人实在是有些噪声恐惧症。笑了就笑了吧，节日嘛。古人一笑值千金，现在免费笑你还嫌吵，真是有损大国气度。于是朱元璋不但没有发布什么压制女子快乐的政令，反而打了赞礼郎的屁股。这只能叫人拍手称赞了。

是的，上元就似乎是一个注定上天要宠溺一下女子的节日，即便短暂。尽情的欢笑才是一个女子真正美的时候。

在爱情中沉溺的女子，那样澄澈，那样幸福，那样怜人。

因为月亮常常勾动着人类最神秘的那条神经，演绎出许多美好的事情。

在秋天，同样有着这样一个节日，我们放假，我们快乐，我们吃月饼。是的，那一天是中秋节。八月十五月儿明的日子，据说这是一年中月亮最圆的时刻，当然有的时候会在八月十六。

可是对于女孩子来说，这样一天的意义可是不同寻常的。因为这一天，她们是可以破例在祭祀的时候先行叩拜，或者根本就不许男子来叩拜。所谓“男不拜月，女不拜灶”。《京都风俗志》中说：“人家妇女拈香先拜，男子后拜，以妇女属阴，故祭月先之，此取义之正。”拥有这样一个独立的节日可以说也是很开心的事情。可是事实上中秋佳节因为秋的临近而并没有能如元宵节一般洋溢着年里的喜悦与欢快。反而，带着淡淡的哀愁，或者隐隐的肃杀。

秋虽然是万物收获的季节，但是亦是万物转入冬藏的时期。天气逐渐变冷，意味着一年又要终结。这一天又是对于一个背叛女子惩罚的一天。这一天嫦娥奔月，在凄冷的月宫里承担着女孩子最恐惧的孤单。如果说吴刚斫树是无穷尽的肉体惩戒，那么广寒宫内的那份寂寥便是精神上的高度折磨了吧。所以在这样一天，女子虔诚的对月祈祷，千万不要一个人孤独终老。在这样的季节里，真的需要有人来温暖一下指尖的温度了。

当然，这一天还有另外一个神仙在活动，这使得这个节日变得异常虔诚。那就是月老。传说中月老坐在树下，凭借着月光看世上姻缘，倘若某人与某人姻缘已近，则用红线绊住两人的脚，使得双方最终走到一起。这是一个十分美好的传说，一束银色的月光跌落在鹤发童颜上，红色的丝线飘向人间，书囊被风微微地鼓起，一缕青烟飘上青石板，传递着女子痴心一片。

情不知其所起，亦不知其所踪。倘或真有这样一个月老存在，父亲一样的倾听，可以沟通女儿心事的话，就会觉得在爱情的道路上没有那么曲折了吧。于是中秋这样一个月如银盆的日子里，月老也成为女孩儿拜祭的对象了，倾听女儿心思，解开一个又一个其实她们心中早已知道答案的执著。

另外，八月中秋是团圆的节日，这个日子里却有好多征人在外，家中女子对月祈求，赶考的早日考中回乡，经商的一定要大吉大利，外出的要一路平安。古人在外有太多不安全因素，再加上路途遥远，锦书难托，只有借着月光送去一片祝福，或者借着清寒洒一片相思的泪水。

中秋祭月的规矩便是处处体现着月神的尊贵与团圆的象征。像明代的《帝京景物略》里就记载了明人在中秋时候的拜月仪式。这天供奉果饼必须是圆的，呼应着月圆人圆。而月光牌位是一定要对着月亮升起的地方的，在这牌位上还要供奉月光神祃。这东西其实就是一张年画一样的东西，一般是木刻水彩印的神像，上面一般画什么太阴星啊，兔爷捣药啊，月光菩萨啊，总之是多教合一的这么一张金璧辉煌的纸，对着它焚香祝祷，所谓拜月便是如此，将心事喃喃说出，然后连同千张元宝一并烧掉，这一篇心情日记从此埋藏在记忆深处，融化在灰烬之间。我还记得《红楼梦》特地将中秋这个节日放在了贾家出现颓势但还百足之虫死而不僵之时，其实这样的气氛，倒真的很符合八月十五的热闹中夹杂着清冷的感觉。

其实真正的女儿节，是无论如何也没有办法回避的七夕。这一天的由来是大家都太耳熟能详的织女和牛郎的故事。当然，这个故事后来被新凤霞唱遍了大江南北，其脍炙人口的“树上的鸟儿成双对”几乎是人人能哼。其实我很想利用不短的篇幅来讲一讲这个故事的，但是这个故事大家一定听得太熟悉了，我只是简单地介绍一下织女没有遇见牛郎哥之前的美妙事迹吧。她是天帝（就是刚才说凌驾于五帝之上很了不起的人物）的女儿，这是一个显赫的背景出身，但是她每天还是有很繁琐的工作的，比如用云彩织成天衣。这是何其浪漫的职业。她是个比较勤劳的孩子，她的父亲天帝看到她这样辛苦地劳作，觉得很不忍心，于是就把她许配给了牛郎。后来因为她嫁人以后就很少再织衣服了，天帝很生气，觉得你不可以因为爱情的唧唧歪歪就不努力工作学习，这样是不对的。所以安排她一年只能和牛郎见一次面。注意哦，这个最早的传说没有思凡下界那样曲折的剧情。到了后来，中国人又根据自己的爱好把两个人往苦情了写，往后妈了写。变成了生命中不能承受之分离。当然，还有人说这个织女又称玄女、素女，她发明了最早的绳子，总之无论如何，作为勤劳手巧女性的典范，她的爱情故事虽然值得人们可敬可叹，向她求取一双可以天衣无缝的手也是每个闺阁女子想要做的了。

于是七夕，作为最重要的女儿节。女儿们要用特定的方式来度过。而这种方式似乎显得异常的热闹。听到这些游戏的名称就恍惚听到了葡萄架下、双星辉中那爽利的笑。

这第一种游戏就是穿针啦。这似乎是个很容易的事情，尤其对于经常做女红的女孩儿。即便是像林妹妹那种半年不懂针凿的姑娘穿个针应该绝对是毫无压力的。所以难度是有的，捷径是没有的。在这一天里，需要穿的是七孔针。这种针必然没有什么实际意义，但是在月不黑，风却挺高，照明设备不是一般的差，再赶上个云遮月的悲摧天气里，细若游丝的七彩线一根一根地穿入七个细小的孔中，这对于那些远视散光老花眼的女性来说，应该是更为困难了。当然，一般来说当少女变成了老太太之后，也许就会乐陶陶地坐在璀璨的星空下，看着晚辈们完成她们年轻时候的梦想了。

说起来，这并不是吉尼斯世界纪录，挑战的人只要有中人之姿便可以顺利完成任务。但是可怕的是这个行为被命名为乞巧，哪个女孩儿不怕被说成是笨蛋呢，于是对月穿针这项事情必然被做得那样认真。游丝飘摇在月色中煞是好看。“家家乞巧望秋月，穿尽红丝几百条”的情形真是美好呀。

当然，作为女儿节，宠爱女子是男子在这一天应做的事情。比如唐玄宗和杨贵妃那最著名的双星祈愿便是这样星光璀璨、弯月一勾下最美丽的情愫。因之，把这一天当做中国的情人节也是必然的。只是或许在这一天尚未被皇帝陛下取消宵禁，所以外出的机会特别少，发生那种人约黄昏后的几率也大大降低。这一天事实上依旧是一个大家族的聚会。妙龄少女们会在长辈们面前表现自己的穿针技巧，所谓：“贵家多结彩楼于庭，谓之乞巧楼。铺陈磨喝乐、花、瓜、酒、炙、笔、砚、针、线，或儿童裁诗，或女郎呈巧，焚香列拜，谓之乞巧。”这样大家族的聚会，一般来说除了表哥表妹的老套剧情，基本上不会有什么新鲜的爱情出现的。所以七夕的快乐是赤裸裸女孩儿们最纯真的快乐。试想一个女孩儿对着月色星光，庄严地穿好自己的第一个七孔针的时候，一转头的嫣然一笑，接收着来自父兄长辈的夸奖，看着母亲欣慰的笑容，或者老祖母皱纹里最深刻的宠爱，那将是怎样一番开心呢？只有今天，她是整个家族的主角。竞争也好，紧张也罢，这一刻都抛在脑后吧，露出女孩子特有的笑容，洋溢在纯净的夜色中。

当然，越是晚近，节日会越发丰富多彩，会出现一些乐意发明的人，比如作为元代武宗的专宠后妃——洪妃，这并不是皇后的妃子霸占了一个叫做九引台的地方，这个地方在一年三百六十五天里只有一天是熠熠生辉的，那便是七巧节。这一天，本应是所有后宫都登上九引台来对月乞巧的。可是自从洪妃当位后，便成为她的专宠所在了。专宠于乞巧高楼是每个女子的梦想，因为当年的杨玉环就有这样一座唐玄宗为她专门盖好的乞巧台。台上只有他们二人，演绎着帝妃无法复制的爱情。所以洪妃能够站在这里，是何等幸运或者艰辛的事情。她对月将彩线穿入针孔，陪伴她的虽然没有皇帝陛下（这点其实很能说明问题，她所争取到的不是爱情，而是权势），但是还是有几名宦官的（这可算是聊解深宫寂寞么?），她便将穿入的彩线剪断，使台下仰望她的宫娥妃嫔们捡拾为乐。按照拾到的颜色来分胜负，输了的人第二天请客吃饭。于是一片钗环响乱，尽显宠妃气势。

说至此，我也觉得这样的节日其实不是很有趣了。不过好在还有一些个人比较喜欢的游戏项目，比如丢巧针。读一段古籍先：“七夕七日上午，丢巧针。妇女曝盎水日中，顷之，水膜生面，绣针透之则浮。则看水底针影，有成云物花头鸟兽影者，有成鞋，及剪刀水茹影者，谓乞得巧。”这是一项有趣的游戏，清晨起来要用井水和河水混合而成的鸳鸯水，然后放在太阳下暴晒，直到生出一层水膜——这个其实有一定的技术含量，所以后来大多采取的是用油包裹的针来投入水中，在七夕这天灿烂的阳光里去猜测水中针的倒影，几个小脑袋挤在一起，莫名所以地指点着，这个像是一朵云，这个像是一朵散开的花。总之你别像个棒槌一样在水底呈现，那就是手巧之人了。这种展开丰富想象的事情是女孩儿们喜欢做的，或者给今年呈现的影像叠加一些寓意，暗暗祝祷有怎样的奇遇，也是多情女儿常常暗自思量的事情了。

另外一个好玩的事情是喜蛛验巧。鉴于中国大部分地区都不会出现黑寡妇等毒蜘蛛，所以，蜘蛛在中国人眼中还是勤劳无害的小动物。这一天胆大的女孩儿会亲自捉一个蜘蛛，好好地把它关入一个小盒子里，嘴里念叨着比如“七夕织女赐新妆，挑来蛛丝盒中藏。明朝结成玲珑网；试比阿谁称巧娘”这样的话，然后经历了一天的欣喜、紧张，愉快地跑上床，就等着第二天早晨起来检验小蜘蛛的劳动成果。如果小蜘蛛勤劳地织出又圆又密实的网，那今年就会乞到了很多巧，如果小蜘蛛觉得困倦了，忘记工作，那么这接下来的一年就会笨拙一点。笨拙一点就会被骂，就仿佛我们祈祷考试一定不要挂科时候，得到了一个很反面的警示一样，那自然是件叫人不开心的事情了。

不过不巧呢，也有一些补救的措施，比如一般来说七夕是比较喜欢下雨的，虽然没有那个云遮月的八月十五几率高，这被传说为牛郎织女相见的泪水，据说用这种水来洗手洗脸便会使女孩子心灵手巧起来。所以，倘若真的不是手巧的妹妹，就在祈愿的时候许下一个今天下大雨的愿望吧。好在古人的无根之水没有今天这样的重度污染。

无论如何，乞巧这回事儿在今天看起来似乎有些过时了，还不如去信春哥，不挂科。但是流传下来的这些好玩的游戏是值得一玩的，而拜双星这样的活动也可以对自己有所期许，也算是制订了一种计划吧。另外友情提示的是，古代女子认为在这一天义结金兰是很虔诚的事情，而且两个人的情谊会地久天长。所以如果读者的你有那样三两个闺蜜，不妨在这一天去永结同心一下。其实在人生路上，闺蜜是一种不可或缺的生物，她们一路和你走来，回头看的时候，她们会使你看到很多童年的自己，那种温暖是任何一种情谊无法取代的。

上元的灯，乞巧的星，中秋的月，装点着古代女子全部的浪漫与期盼。她们希望得到一份值得珍藏的爱情，她们希望在人生中做一个努力勤奋的人，她们还希望一切都团团圆圆美美满满，用最大的母性光辉来平和着这个世界。作为被月亮守护的那一个世界，她们以自己的温婉若水冰冷着沸腾的男儿豪情，温暖着残酷的现实。

|粉墨——看戏、弹词兼论其他|

现在有多少人听京戏已经是无法调查的事情了，那种来自慢节奏韵律美，剥开唱词的典故，才能知道它讲的什么故事的古老剧种，已经远远被历史的车轮抛弃在了脑后。当然，这样说绝没有要褒贬中国古典戏曲的意思，只是在这个一切快餐化的时代里，那种韵味非富贵闲人便不再能欣赏了。

中国戏曲美么？作为中国古典元素之一的脸谱、水袖，甚至只是一声青衣的咿呀，便已然点燃了整个沉淀在中国人骨子里的那份律动。它有着诗词的外表、中国人叙事的内在元素，带着市井与雅士的双重面目，流转于中华大地，最终成为一个快乐的符号，为闺阁吹进一丝风尘仆仆的世俗之风。

闺阁，本是封闭的小空间，这样的小空间里，对外面世界的了解是有限的，那年头也没有新闻联播，外面发生了什么事情，女子能知道的很少。丈夫是天，她们在天下活着，过着繁琐而无聊的生活，只有在社戏或者是怎样的节日里，偶一瞥地看到舞台方寸间上演的种种悲欢离合，黯然神伤，独自落泪也是很难免的。

一切要从戏曲成为人们生活不可或缺的一部分开始。一般来说，先秦时期的娱神歌舞被认为是戏曲的来源之一，那些给神仙们看的表演往往带有一些夸张的成分在里面，他们在庆祝丰收或者祈求天神保佑的过程中就会敷衍出一些故事来。可以想象先民们在与上天交流时那种自说自话的表演场景。这逐渐成为戏曲的源流了吧。可是那个时候参加表演的也会有女性——称之为女巫。这些女子带有一些神秘的气息，登上祭天台，沟通着天地。那时候应该不会有人抱着看戏的心情去看这种大型史诗型歌舞吧。

到了汉代，角抵，才真正使得这种表演从宗教性质的转换为了一种观赏性的娱乐。可是角抵的故事性其实是不多的，大家在看的时候大多不是说，这是黄帝在大战蚩尤哦，而是看谁能把谁扑倒，谁更有力量。说到角抵，有一个事情我特别地想吓读书的你一跳，那就是这绝对不是单纯的男子运动哦，早在三国时期，就已经有了女子角抵之戏，不要怀疑地看着我，参见《江表传》。吴国的末代皇帝孙皓是个很有才的人，他有一天在开心地看着女子相扑，觉得这样的比赛实在还不够美观，他便下令，命令所有的参赛选手都要投插步摇，这样环佩叮当，视觉冲击力也很强。可惜作者其实眼前浮现的是日本大相扑裹着兜裆布带着金步摇的场景，挥之不去啊，挥之不去。这一场比赛下来，据说要打坏上千副的步摇。真是很暴力。莫非看到美人鼻青脸肿，头上的步摇不是娇娆的摇动而是零落成泥碾作尘也是一种美观？无法解释的审美癖好使得作者吐槽无力，但是最后给力的雷点出现了，这个看着美人打架异常兴奋的国君听到父亲去世的消息并没有诏令停止游戏、举哀登基等等一系列人君行为，而是坚持把比赛看完，又加了个加时赛。难道这是悲伤孤独的最大表现么？真是很叫人无语。

到了宋代，角抵之戏日渐盛行，女子角抵也是“王谢堂前燕，今日百姓家”，她们会出现在元宵晚会或者各种大型的表演活动里，甚至有固定的表演地点，为男子角抵做垫场。由于女人纤腰一抹，动作轻盈，姿态动人，所以又被称为“女飐”。我个人觉得这和我们在街上看到美女骑警一样，必然要远目而望，飒爽英姿是女儿又一种美的显现吧。这些女子在表演的时候会裸露手臂肩膀，甚至肚子。我们的砸缸宝宝又及时出现了，他上书给皇帝说，您上次是不是堂而皇之地看“裸戏”（这个名词很给力）了？我就知道，你说你看就看吧，还跑到宣德门那样象征着国家威仪的地方去看了，您说说，现在是上有您这样的天子至尊，下面有无数的百姓，都一起看这样一个有伤风化的表演是不是很不对？何况你的老婆们还都在身边（后妃侍旁）。女子裸戏就此取缔了吧。当然群众的眼睛是雪亮的，群众的力量也是无穷的，女子角抵这项事业还是蓬勃地发展着，直到有一天大家觉得参军戏比角抵好看些。参军戏这种表现形式大多是两个人。这个戏起源于军旅，大约是某个参军贪污被捉，然后大家做戏来调笑他，其中一个扮演人物就是参军，另外一个人便用一些话来调侃之，在我看来，这其实有点像相声，但是很多教科书都将之归类为戏剧的发展的一个阶段，我也只好从其说，就此一说。我个人觉得踏摇娘这种形式才更像是戏剧的过渡阶段。这是一个听起来很像是专为女性观看而设计的。恭喜你，答对了。这种艺术形式来源于一个丑陋醉鬼——这人自称为郎中。这位郎中酒醉后有一个特别的小嗜好，那就是，殴打妻子。偏偏这妻子却面容美丽，善歌善舞，于是故事就此展开，丈夫的殴打或者责骂，妻子苦情的抗争，讲述老百姓各种不幸的故事，打动着看戏人的心。这种戏载歌载舞，其实有类于现今的二人转，但是女性的地位明显是低下的。于是戏曲在一步一步地走向成熟。

经过诸宫调、金院本的大力推动宋元代杂剧迎接着戏曲的辉煌，它内容丰富深广，显然叫人看出来看戏的人绝对不单单是闺阁中人了，虽然也充斥着大量的描摹爱情的剧目，但是像《单刀会》这样的历史剧目也占有很重的比例。随着作者群不断有文人涌入，其文辞更加韵味十足，其故事越发开合有度。而今翻开关汉卿依旧要感慨，中国有这样的编剧再世，中国电影何愁高票房烂片子呢？我之所以这么说是因为杂剧很节省，就是我们在高中都学过的四折一楔子，所有的故事都要在这样一个时间里完成，考验作者的调度能力和运笔技巧。所以杂剧其实看起来很舒服的，没有多久就看完了一个故事。

下面就是我比较怨念的明代传奇了。笔者曾经下定决心镇定地坐在电脑前面打算把白先勇先生改编的青春版《牡丹亭》看完，但是两个小时过后我终于放弃了。不是因为它好长，是因为其中的那种扑面而来的古典美叫人一时无法全部吸收，仿佛一个吸氧过量的人的表现。明传奇确实是一个八点档连续剧啊。在舞台不断完善的情况下它有理由讲出更厚实、更美好的故事来。所以看到《长生殿》的时候虽然觉得是个老套的故事，可是被娓娓道来也会被那帝妃之间的爱情所深深打动。当然，明传奇到了后来还有了更劲爆的功能——抨击时事。像什么《娇红记》、《鸣冤记》、《鸣凤记》、《万民安》等一系列的抨击严党、嘲讽阉宦、激励民心的作品。这些作品在那个晚上没有新闻联播，早晨没有第一时间的年代里确实起到了一定宣传导向甚至投枪匕首的作用。当然也有一定的危险性，比如传说中写了《鸣凤记》的王世贞，在严党还在的时候就请县官到家里看自己的首映典礼。那县官看到一半就害怕得要退票了，这简直会威胁到生命的一次观看，终于在王世贞拿出严党倒台的邸报那一刻变得释然。真是一件叫人擦汗的事情啊。从此这出戏剧票房大卖。要提到有一位友情出演的人物——金凤。此人是何许人也？此人是个戏子。好吧，他很大牌么？其实也不是，主要是他曾经的演戏单位比较好：严府文工团。不但如此，他还是严嵩最好的同志。好到什么程度呢？好到严嵩白天的时候看不到他就吃不下去饭，晚上离开了他就睡不着觉，鉴于明清之际男宠风盛，俺也不方便说啥了。可是严党倒了以后，他也落魄街头无依无靠，两鬓几乎生出白发来。自古将军如美人，不使世人见白头。他确然应该是个美人，但是已经白头，为了活下去，他决定了一件事情，那就是重操旧业继续演戏，加入王士贞的剧团，在里面出演一位大人物——严嵩。这个朝夕相伴的人物被他演得活灵活现，我读书到此绝不生出和他人一样觉得金凤痛改前非甚至带有控诉严党暴行这样的情愫，我倒是觉得，如果不能陪伴那个人，便不妨成为他吧，自己陪伴自己。

戏剧，成为一种直接反映生活的艺术形式，更多的愉悦了那些不大能有机会接触到外界的闺阁中人。这和一些专职妈妈在家里看韩剧掉眼泪似乎没有什么差别吧。唉唉，爱看电视剧的女人们。

到了清代，南昆北曲更是彼此争鸣，昆曲与京腔此消彼长，双庆班四喜班纷纷进京，更是有同光名伶十三绝，彰显着戏曲到了清代的繁盛兴旺。越来越繁富的剧目，越来越流行的唱腔，在那个诗不再诵，乐府失传，词基本上不再有人会唱的年代里，京剧成为一种新兴的流行歌曲。要是你不会哼两口还真不好意思和那些风雅人士打招呼。

不过再怎么说戏剧有一点不好就是它需要一个庞大的演出班底，而且呈现出越近代参演人数越多的趋势。这是件很为难的事情，毕竟女子有着足禁，想去听一回戏那是十分的不容易。于是豪门高官们家里养着那么一两个小戏班就不足为奇了。比如写了《燕子笺》的阮大铖就是闲来无事的自编自演自导自我欣赏。后来他势败，整个戏班子被冒襄全部笑纳，《燕子笺》因此原汁原味地流传下去。另外像康熙年间著名的《长生殿》案，也只不过是在国丧期间自己在家里看了一出《长生殿》这样凄美而婉转的爱情故事，而最终被革职的革职，改名字的改名字，金庸先生的远祖查嗣琏先生就是被卷进来而后来改了自己的名字为慎行的，洪升表示抱歉。可见听戏还真不是一件很容易的事情。断断不会像我们可以随便地打开电视，随意地换台。最后很不满意地说，电视好烂啊。

一般来说，大户人家或者豪门贵族有的时候会邀约戏班来家里唱戏。这里，我们就不得不又要请动《红楼梦》本尊。继续向曹公致敬。红楼梦里听戏的场景很多，从元春归家省亲开始，贾府便时常性地弦歌款动，座上酒满。其实在此之前，宁国府也曾邀约过几次贾母或者宝玉过府听戏。但是一般势力到达了贾府那个层次的家里都会蓄养一些小戏子。这就是在元妃省亲前贾琏亲自到姑苏挑拣的小戏子。值得注意的是《红楼梦》里所描述的戏子全部是女孩儿。可是我们所知道的清季著名的戏曲演员几乎全部都是男子，更有程梅荀尚四大男旦泽被至今。一般女艺人是很少见的，而且在清代曹雪芹生活的那个年代里伶人娈童之风盛行，家养戏班一般也多以男子为主。但对于闺阁而言，姑苏如水的女儿才更为合适吧。

古代女子听戏是怎样的心态？仔细读红楼梦，排除掉很多剧目为刻画人物特征而具化了的情节，我们可以看到其实古代女子对于戏曲的爱好多止于热闹。已经成为了一种庆祝式的活动，这也难怪国丧的时候演戏会被皇帝忌讳。无论是生日的庆典还是节日的应景，剧目不重要，重要的是要打得快乐，锣鼓齐鸣。这便是真实的闺阁女子能看到的戏的大体样子。除了像黛玉那样可以间或从梨香院听来那飘到耳边的“赏心乐事谁家院”，或者从宝玉掌心读三两行《西厢记》，如宝钗般悄悄瞧了《牡丹》、《琵琶》外，闺阁女子听的戏目还是需要精挑细选的，断断不会演许多爱情故事来开化那颗悸动的心灵的。

想到这里不觉要仰天长叹，当年贾宝玉如获至宝的那些戏曲读本，现在摆在书店里作为推荐图书，却几乎很少有人捧起来仔细阅读。

我常常有一个困扰，那就是其实无论昆曲也好，京戏也罢，敷衍一个大故事都要有很多出，很多时候为了听戏，常常耗费我一两个下午。而即便是家族的戏班，听一次全本的大戏也要好几天，是不是有些人对于某个戏一辈子也没听完整过。我觉得这个状况一定是有的。除非有很执念的多年媳妇熬成婆，作为老祖宗的时候好好恶补一下青春时期漏掉的宫商角徵羽，但时光流转，能达成这个目标的女人也是很少见的。我能举出活生生而不是文学作品的例子是一个叫做叶赫那拉兰儿的人，这个人后来人人都叫她慈禧。慈禧太后是个超级大戏迷，她听戏的讲究很多，比如对排场，对唱戏的人选，对唱戏的曲目，对唱戏的服装都有着十分细致的要求。作为一个专业级的戏迷，她能准确地说出某戏某处的误差，能确切地指出戏的好坏，这种人不去做导演真是屈才了。可是她还有更大的嗜好就是听戏凭心情，杀人凭唱戏。谁要是在吉祥的日子里说了不吉利的话，那就等着挨板子打屁股不死也半残吧。这种霸占了天下好角为我所用，并非慈禧独创，而听戏到如此痴迷的程度估计慈禧应该是第一人了。她不单单对戏子赏赐很多，并且建立皇家大剧院——在颐和园修建起的德和大戏院上下三层。舞台顶板上设有七个天井，地板下设有地井和五个方形水池。演出时，饰神仙鬼怪的演员可以从天而降，也可以从地下钻出，还可以演大雨倾盆、电闪雷鸣的水景。这种水景机关一方面为表演，另一方面亦是为防火，这种舞台上的自动喷淋灭火设备为全国首创。慈禧太后驾临颐和园，必在第二天听戏，每逢生日庆典还要连演五天。

这才是闺阁中听戏的顶峰。

除了听戏以外，值得提起的女性娱乐的活动还有弹词。这种说唱性质的节目对于闺阁女性的影响应该说是天翻地覆的。因为这种曲艺的创作者本身几乎全部都是闺阁女儿。这种娱乐形式居然成为女子为主体创作的活动。

弹词产生于明清之际的江南，因之又叫做“南词”，这种形式其实北方也有，但是渐渐地南方的弹词多以讲爱情故事为主，而北方的弹词则变为鼓词，可以讲演一些历史演义等题材的故事了。这完全来自南北方人民对于弹词的审美趣味之不同。吴侬软语夹杂着绵软的爱情，唱出春雨杏花的味道来。

弹词是分念白和演唱的。演唱部分大多数是七言句子，间或有三言，这都是中国人最古老的韵律结构。这样的拍子流淌出的故事，伴着琵琶的汩汩潺潺，为闺阁凭添了一番莫可言状的气息。在有雨的石板路上，从白墙青瓦间传出的琵琶声，几乎醉了路人的心。即便你完全不知道她们在唱什么，里面的属于女子特有的情愫已然缠缠绵绵地流淌进耳朵，仿佛春雨一般，拨动了心弦。

郑振铎先生在仔细阅读了弹词文本后说，弹词处处为女子张目。除了敬佩他老人家的慧眼独具外，我还想致敬的是他阅读完弹词的毅力。因为一般来说弹词的篇幅都是很大的，比如《榴花梦》居然长达三百六十卷，大约五百万字。真是好比长寿剧。倘若真的全本不间歇的唱下来，估计嗓子都哑了吧。

然而这些鸿篇巨制大多出于女儿之手，才是我要说的事情。

倘若写作也能算是一种闺阁女子打发时光岁月的手段，那么用自己的心血一点一滴地写着爱情，也算得上是一种情绪地宣泄了吧。这样的女子最著名的就是写《再生缘》的陈瑞生。这个女子是相当的了不起，可惜我晚生了三百年，来不及成为她的粉丝。这个故事说起来挺复杂，其故事类型和后来的《女驸马》比较像。其主人公的名字叫做孟丽君。也许你对这个名字很熟悉，也许你把这个名字和那个唱着甜蜜蜜的邓丽君有所混淆，也许你根本不知道世界上还有这样一个女子，这些都无所谓，只是记得这种闺阁之音曾经在街头巷尾被传唱，而这个作者是一个在美丽的故事与残酷的人生中不断挣扎的女子就是了。这个故事本来应该是一个很玛丽苏的故事——人人都爱女主人公，最开始必然很惨，自身是个美人，本来好好的要嫁到云南去了，却被另外一个劣质男看中。劣质男偏偏权大势强，美人不能到手，便玉石俱焚地把两家顺便都害了。结果无奈的女主人公后来经过自己勤奋的努力，考中状元，这件使得天下男子都很没面子的事情一旦发生就很麻烦。不过按照常理就应该是皇帝赐婚，坏人全都死光光，好人大团圆就是了。可是世事的残酷在作者冗长的叙事中给了她一记响亮的耳光。岁月蹉跎，当初闺阁里懵懂的女孩儿已经嫁作人妇，其夫又因科场案而被贬谪伊犁。皇帝是靠不住的，一切都是梦幻泡影，一切想象都是那么的不堪一击。面对着完成的十六卷，陈瑞生真的没有办法再写出怎样的大团圆结局，孟丽君一口鲜血吐出的时候，陈瑞生才发现这个女子已经活了，不可能再回到她想要的那个结局当中。所以就此搁笔。没有结局的故事一向是令人扼腕且憎恨的。续书什么的一向都是很给力的出现，一个叫做梁德绳的女子看到民间小抄了三十几年的残本，决定把它补救成一个美好的 happy ending 的故事。于是我们看到孟丽君并没有被困难压倒，她坚强地站立起来被封为公主殿下，再次和开头便指定了的夫婿结为连理，并三女共侍一夫，和两个女的一个男的从此过上了幸福的生活。起码我对这个结局十分的不满意。我心目中的那个敢于对皇帝陛下说不，敢于接受来自夫婿父子跪谢，敢于对在关键时刻没有保护自己反而把自己往火坑里推了一把的父母说再见吧您哪的那个女子不见了，那个敢于藐视皇权父权夫权的女子，真的随着一口鲜血的喷出而再无傲气了么？和我一样不满意的是同代的侯芝。不过她是认为孟丽君你太过分了，你这样还是个女人么？怎么可以这样呢？于是她删减的八十回印行本则成为一个女子无才便是德的孟丽君的幸运故事。

真真叫人想一大哭，而这真真是闺阁女子们的真实行径。

后来有一天我忽然想起郭沫若先生说的“南缘北红”的时候，便恍然大悟道，原来您也是对这么多续书很头疼的吧。

残缺也许真的很美。

而《天雨花》的问世则叫我深刻地扪心自问，是否从前自己也真正地轻视了闺阁女子的能力。她虽然塑造了一个八岁读诗书，下笔能文，琴棋书画无一不通，十三岁就成为自己父亲西宾的稀有女性形象，但是可叹的是她将明代历史背景巧妙地安插进去，再现了明代重大的历史事件。倘若将这弹词放置在顺治初年的背景下就不得不感慨，对于明朝的思念，是一天又一天，无论被剃发了的男子，还是闺阁里的女子。谁说政治与女子无关呢？谁说家国天下只是男人的世界。这位东林遗孤提起笔，将这份永远的哀伤留在了琵琶弦上，传唱于幽仄昏黄的小巷内，一点一滴地流淌在人们的心里。

闺阁女子从听戏曲到写弹词，从跟着别人的悲欢离合暗自伤悲到自己去创造悲欢离合并公之于世，这是女子逐步走向近代走向共和的开端，没有什么形式能束缚住这种要求。

一种娱乐，是一种精神的放松，而这种精神的全身心的洗礼往往折射着整个民族在不断地慢慢蜕变。

情系——悠悠荡荡秋千架

在中国的古代，农历三月上旬有三个节日，除了上巳之外，还有寒食和清明。早在魏晋时期，人们就把寒食放在清明的前几日，东晋陆翙在《邺中记》记载："俗，冬日后百五日为介子推断火冷食三日。"冬至后的第一百零五天，正好是清明之前。唐宋时期亦基本一样，南宋孟元老《东京梦华录》载："冬至后一百五日为大寒食"，"寒食第三日即清明节矣"。

在许多薪火相传的传统节日背后，都有着一段沉痛的故事，寒食节也不例外，其起源据说与春秋时晋国公子重耳的臣属介子推有关。时为流亡者的重耳为逃避晋国内乱，奔走国外十九年，而介子推则一直忠心辅佐，甚至在危急之时割下自己大腿上的肉为重耳充饥。其后重耳返国即位当上国君，是为晋文公，刚好赶上周天子王室内乱，"未尽行赏"便出兵勤王，因此忘却了对介子推的封赏。而介子推"不言禄"，与母亲隐居绵山，后来晋文公忆起旧事，心中有愧，派人去请介子推上朝受赏封官，由于介子推躲入深山避官，晋文公便以放火烧山的方法想逼他出来，却不料把介子推母子烧死在山里。为纪念这位臣子，晋文公下令把绵山改名为介山，在山上建立祠堂祭祠，将介子推被烧死的这一天定为寒食节，每年这一天禁忌烟火，只吃寒食。

然而，随着纪念英灵初衷的沉痛在时轮的转动下逐渐趋于平淡，寒食的节日便除了宗教性质的活动之外，更增添了纯属人世的游乐，而荡秋千就是其中之一。荡秋千是一项古老的游戏，“秋千”二字，古字皆从“革”字，“千”字还带“走”字，以字形可以理解为：揪着皮绳而移动。最初的秋千仅是一根绳子，双手抓绳而荡。为结实起见，拴秋千的绳索通常多以兽皮制成，故“秋千”两字繁写为“鞦韆”。据南朝梁人宗懔《荆楚岁时记》杜公赡注引《古今艺术图》佚文的说法：“秋千，北方山戎之戏，以习轻越者。齐桓公伐山戎，流传入中国。”山戎是春秋时期一个居住在北方以游牧为主的少数民族。当时这个民族流行荡秋千，主要是为了锻炼人轻捷矫捷的能力，兼以锻炼胆识，可以说秋千实质上是山戎军队练习身手的训练器械。春秋时期，燕国受到山戎部落的进攻，求救于齐国，齐桓公以“尊周天子”的名义出兵北征，攻破山戎，兵抵孤竹（今河北卢龙南)，回来时便将荡秋千的游戏带回了中原，并逐渐演变成为汉民族中普遍流行的活动。

虽然荡秋千最早的起源，是出于军事战争的需要，但是它很早就已开始向游戏性、娱乐性方面转化，并成为中国古代女子十分喜爱的一项游戏活动。汉武帝时，秋千已从军事训练项目演化为游戏，不仅宫女以此戏乐，也成为民间在寒食节日中必不可少的娱乐形式。当时宫中盛行的秋千游戏，本来叫千秋，是祝寿之词，后来讹传为秋千。到唐朝时，秋千也曾称“打毯”。据唐人高无际《汉武帝后庭秋千赋》说，秋千就是千秋的意思，因汉武帝祈祝自已有千秋之寿，故而汉家后宫都喜好秋千游戏。他描写宫女荡秋千说：“乍龙伸而镬屈，将欲上而复低，擢纤手以星曳，腾弱质而云齐。一去一来，牛舞空中花蝶，双上双下，乱晴野之虹霓。轻如风，捷如电，倏忽顾盼，万人皆见，香裙飒似牵空，珠汗集而光面，时进时退，似游似遨，类古纵而七擒，期必高而让高。”高无际的确娴熟秋千，将宫女们荡秋千的情景描绘得生动逼真，把宫女们荡秋千的技巧用文字便表现得高妙迷人，这也正可从一个侧面反映出中国古代女子秋千技巧的发达。

《荆楚岁时记》又载：“春秋悬长绳于高木，士女炫服，坐立其上，推引之，名秋千，楚俗谓之施钩，《涅架经》谓之胃索。”秋千游戏最为普通的形式是在木架上悬两绳，下系横板，游戏者在板上或坐或立，摆动秋千，利用绳索前后摆动，荡出各式各样的姿势。从宗懔的记载可见南北朝时，荡秋千已经在女子中非常普及。时人认为秋千既可摆疥祛病，亦可释闺闷，使深闺中的女子得到消遣，所以特别为女子所喜爱。长期被锁在闺阁深院中的女子，在明媚的春光下，走出闺房舒展一下身体，摆荡一阵秋千，当然有益身心健康，更是赏心乐事，自此成为年轻女子的专利。至唐，荡秋千已经成为一项风靡朝野的时髦游戏活动，无论是宫廷中的大家闺秀，还是普普通通的小家碧玉，都对秋千格外热衷，从荡秋千中享受到种种难得的人生乐趣。五代王仁裕《开元天宝遗事》载：“宫中至寒食节，竞竖秋千，令宫嫔辈戏笑以为宴乐，帝呼为半仙之戏，都中市民因而呼之。”这个“帝”，自然指的是风流倜傥的唐玄宗。清明风中，杨柳依依，三五宫女嬉笑于秋千架下，巧笑嫣然。一排秋千，红衣绿袖此起彼落，猎猎衣裙随风飘荡。想那如花似玉的女子凌空飞舞之时，间或娇声莺啼，春光大泄，被玄宗称作“半仙”，自然是再贴切不过。虽然据说李唐宫中多是胖妞儿，也许会少些仙风道骨的飘逸感，但这些老百姓是看不到的，唯有“半仙之戏”这一诗意的称呼，却从宫中吹传出来了。

唐代的荡秋千都在寒食、清明前后，而到了宋代以后，便不仅限于这段时间了。李清照“蹴罢秋千，起来慵整纤纤手。露浓花瘦，薄汗轻衣透”便是在秋天。而在宋人的诗词中，对秋千的描写也很多。欧阳修《越溪春》：“三月十三日寒食，春色遍天涯。越溪阆苑繁华地，傍禁垣珠翠烟霞，红粉墙头，秋千影里，临水人家。”陆游诗云：“路入梁州似掌平，秋千蹴鞠趁清明”，“蹴鞠墙东一市哗，秋千楼外两旗斜”。《东京梦华录》载：汴京城清明节，“举目则秋千巧笑”。这说明秋千之戏，在宋朝民间开展甚广。同时，自宋朝之后的秋千便普遍架设在庭院中。这是由于宋明理学的兴盛，强化了对女子外出活动的限制，多数女子失去了外出游玩的自由。到了清明日，少女们不再能像唐代之前那样游戏于郊外，而只能在庭院置秋千为戏。秋千从此确实地成为社会中上层的一种“闺中之戏”。

值得一提的是，在宋代出现了结合了秋千和杂技的特殊秋千——“水秋千”。据南宋吴自牧《梦粱录》等书的记载，不管是在北宋都城汴梁的金明池，还是在南宋都城临安的西湖、钱塘江，都举行过这种杂技表演。每逢夏季举行水秋千表演时，上自皇帝妃子、王公大臣，下至庶民百姓，竞相观看。表演之前，先在水中置两艘雕画精美的大船，船头竖起高高的秋千架。表演时，船上鼓声大作，船尾上杂耍艺人先耍练上竿，然后表演者按次序登上秋千，奋力悠来荡去。当秋千悠到和秋千架的横梁相平之时，他们双手脱绳，借秋千回荡之力跃入空中，在空中翻个跟斗，然后投身入水。因表演者姿势各异，看上去惊险优美而又变化无穷。“水秋千”看起来类似于现代的跳水运动，而对于连家门都不让怎么出的宋代女孩子来说，这更多只能是一种观赏了。

辽元明历代，由于当权者的提倡，荡秋千也变得更加流行。元人熊梦祥《析津志》中写道：“辽俗最重清明，上至内苑，下至士庶，俱立秋千架，日以嬉为乐。”元代也是一样。据《析津志》记载，每到这天，女子们就可以尽情玩耍，哪怕是女红都可以放下不做，“日以嬉游为乐，女红之事殆庶几焉。”在元末明初李祯的《剪灯余话》里，我们还能翻到元代的权贵之家有着每年春三月举办“秋千会”惯例的掌故，这段时间里女子能够尽情以秋千竞荡，整日欢乐，从二月末直到清明后方才罢休，大过秋千瘾。而在被称为明代社会百科全书的《金瓶梅》里，也有几段描写女子荡秋千的情景：“这蕙莲手挽丝绳，身子站得直屡屡的，脚踩定下边画板，也不用人推送，那秋千飞起在半天云里，然后忽地飞将下来，端的好像飞仙一般，甚可人爱。”“吴月娘与潘金莲、孟玉楼、李娇儿荡秋千，以消春困。金莲、娇儿打了一程，恰逢陈敬济自外来，月娘便让女婿陈敬济推送二人踏板。敬济手揽画裙，指亲罗袜，众人尽享游戏之乐，竟无礼义伦次之分。”香艳之气借秋千的描画顿现于读者眼前，真真是惹人遐思。而明代万历年间的太监刘若愚在《酌中志·饮食好尚纪略》也写道：“三月初四日，宫眷内臣换穿罗衣。清明则秋千节也。带杨枝于鬓，坤宁后宫及各宫皆安秋千一架。”可见由于秋千的魅力和人气，干脆就把清明节改了名字，人们直呼其为秋千节。

到了清朝，上自内苑，下至乡村，每逢节日也要竞立秋千架，嬉戏为乐。自坤宁宫及各宫，清明时各竖秋千一架，宫女们甚至自有荡秋千的“制服”，金绣衣襦，香囊结带，头插柳枝，双双相向悠荡，绮罗飘舞，彩带交飞，这种忽上忽下，在彩云端树枝头飘飘荡荡的游戏，颇令人产生一种飘飘若仙的遐想，四处广留御笔的乾隆皇帝岂会放过这样的机会，当即提笔写诗形容道：“未许人间轻比拟，壶中游伐半仙娥。”据《燕京岁时纪胜》等书记载，从京城到市镇中的百姓也是“家家树秋千为戏”，那种场面也定然是相当的壮观。

秋千游戏不仅在中原地区逐步地发扬光大，在其原产地的少数民族地区，荡秋千也是女子十分酷爱的游戏活动。台湾高山族人称荡秋千为“渺绵”，是“飞天”的意思，这与汉族人对秋千的传统认识完全相同。在蒙古语、维吾尔语、哈萨克语中，“秋千”一语意为“花朵”，可称谓花枝招展的女子，也足见当地女子对秋千的喜爱和荡秋千时的美丽风采，真是个“摇曳秋千斗艳妆”。《番社采风图考》中，也有南方少数民族女子开展秋千游戏的记载。清代《盐源竹枝词》云：“高悬彩架接云天，共庆新年胜旧年；姊妹艳装争奇丽，倩郎抛索送秋千。”写的便是个中美景。丽江白沙村一带，至今保留着当年结婚的新娘以红绳系秋千扶手，用点心、瓜子等招待荡秋千者，以此讨得平安吉利的习俗。

在这些少数民族地区里，女子荡秋千不仅非常普及盛行，还多出了不少玩的花样。阿昌族有纺车秋千、土家族有轮子秋千、彝族有磨担秋千，等等。这些花样秋千，技巧性较强，难度也较大。如“纺车秋千”玩时要在两个柱架上开孔设置四块横板，呈辐射状，板上共坐四人，由他人帮助转动，然后利用惯性反复起落，如同纺车转动。“轮子秋千”玩时要在柱架上装轴，上系四绳，绳末各有一环。游戏之人各抓一环，绕柱旋转。“磨担秋千”则如跷跷板游戏，板上左右各坐一人，以互落互起为戏。如此巧思，让人光是看看记载，想想那个玩的画面就觉得刺激带劲儿。

介绍到这里，也许很多玩过无数次秋千的人都不知道秋千本来是一项竞技游戏。在秋千游戏的发展过程中，没有点儿小彩头和高下的评判，又怎么能让其蓬勃发展不断创新呢？荡秋千的优劣，主要经历了两个时代，两套标准：一种是以荡秋千的高度取胜，“身轻裙薄易生力，双手向空如鸟翼”（王建的《秋千词》），描写的就是唐代少女荡秋千的情景，当时的少女以荡得高为竞赛标准；而另一种则是以花样技巧取胜，明人李开先在《观秋千作》诗注中说，秋千“有转立、独脚等名”。也就是在荡起来的秋千上，可以做出转换身子，或者一只脚站在秋千上等动作。这是挑战人平衡性的高难度动作，需要有相当的技巧。而平衡感稍差的人和手力尚不足的小朋友，则一定要“远观而不可近玩”，量力而行哦！

荡秋千，是闺阁女子青春的欢笑。唐人高无际描绘得很美：“一去一来，斗舞空中花蝶。双上双下，乱晴野之虹霓。”打秋千之时，女孩子在空中飘来荡去，裙裳上下翻飞，翩然若仙，形似蝴蝶，衣饰、锦带、披皂、巾绥、步摇犹如藻井上的花瓣，随风齐舞，前后摇摆。恰似一池春水，碧波微蹙，红浪泛蕊。动即身轻若羽，窈窕如燕；静则樱唇送雪，花枝乱颤；轻盈之形影，乘云随鹤；纤丽之襟袖，迎风欲散。小小秋千架，却承载了多少难忘的欢乐时光？

荡秋千，却也是闺阁女子别恨离愁的排遣。“人成各，今非昨，病魂常似秋千索”，“泪眼问花花不语，乱红飞过秋千去”，秋千架下，曾是情人缠绵幽会的场所，也许昨日方才相见，纵是万千私语，也实难尽诉衷肠，今日还是这处秋千架下，只剩下孤零零荡着秋千的俏丽佳人，独对漫撒地上任人踩踏的零落残红，顿生一日不见如隔三秋之感。“那堪更被明月，隔墙送过秋千影”，正是思念隐痛的真实写照。

荡秋千，更是更是一首荡气回肠的恋曲。“蹴罢秋千，薄汗轻衣透”，此时尚未回过神来，却“见有人来”，赶忙“和羞走，倚门回首，却把青梅嗅”。李清照这首《秋千》词，尽显了一位情窦初开少女的憨态和顽皮。未婚夫的到来，让这位刚走下秋千架的少女又惊又喜，她一时手足无措，娇羞得一溜烟似的跑开，却又不忍离去。倚门回首，偷窥进来的这位风流倜傥的少年郎，突然发觉有点不妥之时，便又顺手拉过一枝青梅，放在鼻子下面，遮人眼目，也可缓一缓怦怦作响的心头鹿撞。

真情，便这么被秋千不经意地荡了出来。

赌棋泼茶懒眉画

有一天，一不小心就成了谁的谁。那一刻起，用什么陪伴你的天荒地老？收拾起童年的玩具、青春的相思，真正的闺阁笼罩起成年人的残酷与冷静。所有的游戏都沾染上了智慧的痕迹——女人的智慧。

那被万千烦恼丝缠绕出的游戏，静谧地绽放在没有人陪伴的夜晚。一轮冷月，一缕秋风，凭添了几丝离愁别绪。自古伤别离的闺阁往往是冷漠空寂，需要等待的。“悔教夫婿觅封侯”的诅咒一代一代地在闺阁间飘荡。河边骨、梦里人……拿什么留住那颗渐行渐远的心？拿什么销永夜，挨长昼，拿什么给婚留下美丽的痕迹？

那闺阁游戏还沉甸甸地躺在那里，是枯槁了的琴、燕泥污了的棋盘，还是樱唇里绽放的诗句，这一切，当时只道是寻常。

请记得，有一天，我们的世界曾如此快乐过。

琴——指尖上的幽魂

我很谨慎地开始这样一章，因为琴是雅事。

这里要不得不阐述一下我自己的音乐观。我一向认为音乐分为两种，一种是产生于乐器，一种，则产生于歌词。我曾经和一些朋友讨论过我这种音乐观，他们觉得我这样的分类有欠妥当。于是我和他们分析了一下我这样分类的缘故，这里也和读者的您一并分享着。音乐作为一种韵律，所谓“乐者音之所由生也。其本在人心之感于物也”。而模拟了这种感物而生的节奏，披之管弦，便是我所说的第一种产生于乐器的音乐；而将这份涌动倘或诉诸语言，付之于节奏，便是我后面所说的产生于歌词。举一个不恰当的例子，我们常常觉得《梁祝》是一种甚好听的古典音乐，彼所表达的情节、张力，只可意会不可言传。见过许多用此曲填词而后演唱的，就未见得有原曲的感染力度强大了。再反过来说，我个人很喜欢周杰伦的很多歌曲，但是他的歌曲仅限于阅读范畴，很多绚烂的词句非字面所触不能体悟——好吧，也许我是方文山控。虽然不乏词曲俱佳的上乘之作，但是我们不得不说纯乐之作与配词之作对于人类灵魂的震撼方式与震撼力道是不尽相同的。

所以今章我想说的就是和纯音乐有关的那点女儿心思——闺阁琴。

提到琴，概念有很多，在今天那是一个何其庞大的分类，但是在古代，提起琴，只有一个东西可以担当，即是我们今日所说的古琴，或者瑶琴、玉琴、七弦琴。记得学古琴的时候有一个外国朋友，她很认学，课下会和老师交流，问他要一些和弦、音阶、大调、小调、练习曲之类。但是老师却面目严肃地告诉她，学习古琴，要把一首一首完整的曲子弹完，才能领会其中的真谛。当时我还小，纯粹是为了所谓课外专长而学习的琴，决不能领悟到其中深刻的含义。而随着年长，对着琴的时间越发地长了以后才逐渐领会到老师的良苦用心。是的，倘若把古琴只是当做一种技术性的乐器，那对于这种乐器而言是一种侮辱。

这必然要引起学习其他乐器的同学们的公愤，且听我慢慢来说道古琴。说道完了古琴，您就会知道为什么琴成为闺阁间一道特殊的风景线了。

天人合一是中国人思想深处对大自然的认知。这种合一从我们前面所述的很多与寓意相关的风俗习惯、祝祷祈求都能看到。当人们把心灵交给了音乐时，这种天人之间的认同感就越发地强烈了。古人将这种认同感全部地交给了琴，这个七弦十三徽上，“琴者，心也……所以吟其心也”。

这是一种弹琴者的心态，对于中国古人来说，琴是一面镜子，把最真实的自己呈现于自然之间，用蚕丝之弦拨动心灵之弦。这种或主动或被动地将心暴露于昭昭天日之下，还真是非君子而不为。

凡音之起，由人心生也。人心之动物使之然也。感于物而动故形于声，声相应故生变，变成方谓之音。比音而乐，之及干戚羽旄，谓之乐。又者，音之所由生也，其本在人心之感于物也。是故其哀心感者，其声噍以杀；其乐心感者，其声啴以缓；其喜心感者，其声发以散；其怒心感者，其声粗以厉；其敬心感者，其声直以廉；其爱心感者，其声和以柔；六者非性也，感于物而后动也。又曰知声不而知音者禽兽是也，知音而不知乐者众庶是也，是故不知声者不可与言音，不知音者不可与言乐。

这一段话是对古琴颇有研究的宋人写的。根据我所看的古琴历史而言，宋是一个古琴从形质到意蕴都完全齐备的时代，也可以说这是一个对于琴的理解是集古之大成、承前而启后的朝代。所以他们对音、对乐都有了自己独特的思考，而这种思考却代表了这个民族对于音乐天人合一、赋物发声的思考。当声音不再仅仅是人类彼此警醒的单一用途，音乐便成为一种勾画人类心灵的自由途径。人类被外物感动着，音乐便在指尖流淌着，这种情绪的宣泄使得弹琴这回事儿变得很纯真也很私密。喜怒哀乐困于七弦之上，随手拨动的乐曲便随着心的跳动把宫商角徵羽全然活跃了。宋人以“哀、乐、喜、怒、敬、爱”这六种人的情绪化入琴弦，更撂下一句狠话所谓“知声不知音者禽兽是也”。可见知音的重要性。当然，你即便知道了声而生变之音，不能欣赏付之于干戚羽旄，便成了乐。会欣赏乐的人，才真正地不同于庶民，成为一个高尚的人，纯粹的人，脱离了低级趣味的人。可见古人把懂琴这回事儿看得何其高且雅。

所以我们民族的故事里经常会出现在一个皎洁的夜里，一个孤独的人对月弹着莫名所以的琴，当他把全部情绪都投入其间的时候，知音就来了。知音来了以后的事情无外乎有两种，一种是两人声气相通彼此惺惺相惜，然后遇见什么事情不幸挂掉了一个，详见高山流水之类传说的系列故事。另外一个结局就是，不幸的事情在于这个知音恰恰是自己的敌人，于是产生了无限纠结复杂的情绪，两人也许彼此干掉了彼此，也许一方胜利了以后长叹一声，某某本是我的知音啊！这个就需要详见

《三国演义》这样的一群男人不得不面对的离殇。

无论是哪种结局，男人与男人之间的情愫也许远远不及爱情叫我们这群小民们振奋人心，欢欣鼓舞，不然为什么那么多电视剧都要加入一个莫名其妙的女子和男主角发生顺理成章的爱情。我这里绝对无以讽刺，只是觉得爱情是女子所能感觉到的最直观最有冲击力的一种感情。

所以我们终于回到了闺阁间，看那纤纤玉手在七弦琴上的拨弄。

在说之前，我打算普及一下基本的古琴常识，以便我下面的叙述。希望那些古琴高段位的朋友们不要嫌我啰唆。古琴的整体是一个长形的音箱，这点和一般的弦乐器是一样的，必然有一个可以引起共振的共鸣器。但是它的一头一尾就有着十分庄重的寓意，象征天圆地方。我们接着称呼下去便是：额——琴头往里 2 寸的部分；承露——额左侧微微突起并连接岳山的四方形部分；岳山——承露中间高起的部分，用来托起琴弦；颈——靠近琴头琴面宽度收窄的部分；肩——这是琴面最宽阔的部分，挨着琴颈部分；腰——靠近琴尾琴面宽度收窄的部分；龙龈——在焦尾中间凹进去的部分就是龙龈，其实这也是为了支撑琴弦的。有额有颈有腰有尾，这样的琴俨然活泼泼的生命，又是最好的知音，当心弦响动的时候，它能完全消解寂寞的哀愁，深闺之内，以琴为挚友，也许能更多地排遣那些来自无边无际的闲愁。

当然，说到琴，其实除了抒情宣泄之外，作为中国古典乐器中的君子，更有修齐治平的要求。这就是所谓“琴者，禁也”。这是一种以思想关注到音乐，再由音乐来约束思想的双重作用。对于古琴的审美要求也以中和为上等，这是一种审美要求，也是评选年度十大金曲的唯一标准。这种调和的论调绵绵不休，比如有人评价南调北曲说：“南调数句后，必加收束另起。如掐撮五弦，掐泼刺五声，皆收束之声也，另起以达未尽之意，使情致缠绵婉转，恒多幽闲适怨之音，北曲慷慨悲歌，声多激烈，故一气呵成，无结束另起之意，恒多发慨叹之音。是南北二调，各写其怀，使咸归中正和平，方免粗暴之讥。”即便是南调的缠绵婉转，或者北曲的慷慨悲歌，在今日看来都代表着美学的某一审美，但是在古琴中，都是低等的，叫人汗颜的。

君子乐得以配淑女，淑女乐得以琴相称，一般我阅读的历史上，每每能遇到的抚琴的女子都是一些礼教纲常、贞节牌坊中行走的女大人。这些女子在历史上看来并不好看，一副忠君爱国、相夫教子的模样，但是我读演义或者野史的时候，却发现，女子指尖流淌的不见得都是夫妻大义，而是叫人慨叹的那点点哀愁。

我听说过很多蔡文姬的故事。她著名的父亲，以及父亲著名的好友，传奇的身世，各种爱情，超强大的记忆力以及典籍整理能力，当然，还有叫人难以忘却的《胡笳十八拍》。这琴曲又配有曲词，今日所流传之曲未必是当年文姬所弄，而词藏在《乐府诗集》里也有人说早非蔡琰当日所填。虽则物是人非，而这支作于文姬中年时期，经历过江南春雨、大漠黄沙之后，其浩然之愁历代为人慨叹。女子有过浪漫爱情的少年，有过生离死别历练的中年，有过隐逸琴瑟和鸣的晚年，这也算是一种饱满的人生了吧。每忆及此，再去听《胡笳十八拍》，则有了不同的感受。

不过最让我记忆深刻的是她小时候的神奇事迹。有一天，那个恶趣味的父亲带回来一些奇怪的蚕茧，这蚕茧长成了一个囧字脸。他觉得这样奇异的蚕丝用来做琴弦比较好。虽然我不是很理解他此行径，但是他的女儿却在琴音中听到了愁苦。文姬爸爸疑惑不解地扶额，明明自己是很 happy 的，这一切都是为什么！当然他还没有来得及咆哮，她的女儿已经解开了他心中的疑窦。女儿说：“这是寡妇丝，老爸。”后来事情的真相果然只有这一个。原来这些蚕在吐丝的时候对面住着一个寡妇，而蚕们和寡妇家之间的墙壁上有一个洞，古人有凿壁借光，蚕们则通过这小孔每日端详着寡妇的模样，日久天长，就织就了一个个的愁眉苦脸的蚕茧。这只能叫人感叹不但琴可以沟通天人合一，其身上的部件亦是要得天地之造化，解音如蔡文姬者，真是玄之又玄的女子了。

琴弦讲究若此，琴身更是不能怠慢，女子之琴在选料上之讲求也是更为细腻。像我从前读的小传说里，帝喾的妃子邹屠氏就以如美玉般的梓木为琴身。梓木本身就是一种抗腐蚀、不会伸缩变形的上等木材，古代帝后倒是常用此木为棺。如美玉般的梓木就更为少见，再加上产于小华之山的美玉作为装饰，连名字也一并用了玉的名字——瑀琈。这位经常梦到自己吞日的母亲，一口气生了八个儿子，不知道是否时常用此琴来对孩子进行胎教，总之，她的八个儿子各个聪慧，被称为八神或者八英，等等。

而我所知道最讲究的女性琴是女丸的碧弦琴。传说她是一个沽酒妇人，有一天，一位神仙来到店里，大约是因为店中酒太过好喝，多喝了几杯，就没有钱埋单了，于是把自己的《素书》押在了这里。女丸偷偷读了一下，发现居然是很黄很暴力的青春期性教育，觉得豁然开朗。独乐乐不如众乐乐，于是便经常邀引一些少年，同习此书，引导他们走向健康性生活。后来仙人又回来取书的时候觉得这颇有普度众生的意味，便度化了她成仙。在我看来女丸在中原神话传说中其实担当了教引嬷嬷的位置，她教会男子养性交接之术，是一种健康的有积极意义的事情，所以我个人对她有着强烈的好感与好奇心。于是很八卦地知道了她弹奏的琴是用黎洞宝香木制成，其弦用的是昆仑山的青玉。这是一个何其行为艺术的人，她的这张宝琴我实在是看不懂，一如我一向不觉得黄药师的玉笛会吹出很浑厚的洞箫声一样。

所谓宝琴，必然有过人之处，而所谓过人之处又多在材质之名贵，历经名人之手，越是这样的琴就越叫人觉得需要格外爱惜。当然也有反例，越是这样的琴，摔起来也就越能表现拥有者的决心，比如那个为钟子期摔了琴的俞伯牙，倘若当时摔的是“号钟”，那震撼力应该更为强大。因为知音而不弹，是一种叫人高山仰止的气度，叫人有为之泫然垂泪的念头，那种纯粹又纯粹的样子仿佛一场校园里的爱情，叫人无法释手。而当时光推移到明代，世俗代替了仙境，现世代替了虚妄之后，同样摔琴的故事发生就都带着一种世俗的烟尘味道，叫人觉得真实存在。这个故事发生在嘉靖年间，戴竹楼——这个太监中的操琴高手，响当当的名头四方渴慕。他的琴技如何我现今已不甚清楚，但是他胸中确实有非常多的古人名谱。在那个书籍曲谱并不是成批量地保存在图书馆供人随意（或者需要开证明）借阅的年代里，估计小民们只有凭借太监这种身份来靠近大内秘藏。这叫我想起葵花宝典来，又要对金庸先生高山仰止一番。其实历史中也有这样的例子，比如大太监冯保检出了《清明上河图》默默地留存起来，我们在赞叹他的慧眼的时候也不得不说靠近国家图书馆就是好啊就是好。

江南有一女子，是官宦人家的夫人。这夫人虽则早已被历史淘洗尽了姓甚名谁，但是却是一个有着上进心的女子。她在江南一隅，守着才子频出的所在，自认为已无对手，于是便携船进京，打算会一会这个戴太监。真正的高手巅峰对决马上开始。可是这位夫人还并不着急，她先在京城张贴告示，希望京都男女觉得自己能琴技更胜一筹者前来挑战。怎么都觉得是武侠小说的情节，唯一不同的就是以琴相会。一道帘幕间隔彼此，慕名者络绎不绝，大家彼此聆听，用音乐来交换着技艺。没过多久，便觉得京都再无高手，她也放心地去拜访戴竹楼了。戴竹楼宫外的府邸也不是轻易会客的，等待通报了很久，夫人才被邀请进去。走过曲廊花径，进入客厅，内里依旧是帘幕飘曳，余烟袅袅，等到夫人坐定，一曲伊始，指法之奇妙，曲律之和谐，曲子又是闻所未闻的，这些足够令夫人惊讶，而更为感慨的是曲中流淌出的叫人回味不绝的情绪，实在是左右了夫人的所有认知，即便是抱定了谁说女子不如男的信念，却终究败下阵来——太监，从心理结构上我们还是认为他是个男的好了。夫人拿出自己的名琴，摔碎在石阶上。戴竹楼必然很郁闷，夫人也没抚琴给自己，自己也没有死掉，何苦摔琴呢？夫人却说："从此后再也不能凭借这张琴独占鳌头了。"便伤心地离开。真是彻彻底底的悲剧啊。

这次博弈，夫人以琴技胜，乃是胜在手指的熟练，出神入化。而戴竹楼以琴意胜，并不单单是他展示了新的曲谱，胜在创新，而更是胜在了对古琴理解的深刻，是要将琴当做一个灵魂来对待，琴是用来书写胸臆的，而不是用来竞技的。夫人没有领悟到这一点不能不说是在闺阁之内，经历太少，不能以琴来演大千世界。对于这一点，反倒是林黛玉看得清楚，《红楼梦》八十六回里说："琴者，禁也。古人制下，原以治身，涵养性情，抑其淫荡，去其奢侈。若要抚琴，必择静室高斋，或在层楼的上头，林石的里面，或是山巅上，或在水涯上。再遇着那天地清和的时候，风清月朗，焚香静坐，心不外想，气血和平，才能与神合灵，与道合妙。所以古人说：'知音难遇。'若无知音，宁可独对着那清风明月，苍松怪石，野猿老鹤，抚弄一番，以寄兴趣，方为不负了这琴。还有一层，又要指法好，取音好。若必要抚琴，先须衣冠整齐，或鹤氅，或深衣，要如古人的仪表，那才能称圣人之器。然后盥了手，焚上香，方才将身就在榻边，把琴放在案上，坐在第五徽的地方儿，对着自己的当心，两手方从容抬起，这才身心俱正。"当然，作为《红楼梦》只读八十回的曹雪芹超级大粉丝的我要在这里说一下，这段文字显然不是曹公笔墨，是高鹗还是哪个即将被红学家考据出来的作者都没所谓，它显然有一种卖弄学识的迂腐气息，听起来就和《镜花缘》最后为了卖弄而卖弄的文字有类。不过今日我写文看到这段卖弄也觉得可以拉过来给诸位看看，这正是士子们对琴的无须多言的看法。

我还要说的一点是明代历来都是我们觉得对女子封禁最严酷的时

刻，因何会有这样一个女子独自携琴上京，在大庭广众之下操琴对决呢？这点与琴本身在人心目中的地位有关。女子操琴被认为是“众器之中，琴德最优”。另外亦是美女所要具备的基本特质之一。李渔对此有深刻的见解：“丝竹之音，推琴为首，古乐相传至今，其已变而未尽变，独此一种。妇人学此，余皆末世之音可以变化性情者也，欲置温柔乡，不可无此陶熔之具。”这种音乐被认为是美德，是女子应该具有的东西，因之拿出来竞技，也是无可厚非的事情。

于是女子与男子之间的距离在琴上就被拉近了，也是女子走入男子世界的一种途径方法，用琴来沟通彼此的心灵更是所谓琴瑟和鸣。娶个既是红颜知己又是自己老婆，既是红玫瑰又是白玫瑰大约是古代文人很理想的事情吧。

这一点在帝后生活中尤为重要，一个能抓住皇帝心的嫔妃往往比权高势大的皇后要给力得多。我们看过《宫心计》等诸多的 TVB 连续剧莫外乎此，而在历史中跋涉的时候我们才发现，生活真的很喜欢照抄电视剧。明末代皇帝思宗显然是个大家都很熟悉而争议很多的皇帝。他励精图治过，他昏聩偏激过，他是四处救火的救火队员，也是被农民起义军踩在脚下蓄谋推翻的暴政昏君，他性格怪僻却勤政爱民，他制衡权臣却又自毁长城，他带领明帝国最终走向灭亡，却吊死帝都，天子殉国。上述的介绍并非我个人对崇祯有甚好感，只是想说，他的妃子难为。

可是就是有这样一个妃子走入了他的内心世界。这个妃子姓田，她操得一手好琴。每每在天子被内忧外患搞得疲惫不堪的时候她就会抚琴弹奏。素手、纤琴、清澈的琴声、袅袅的幽香，可以使得这位皇帝暂时忘却焦头烂额的王朝帝国，而舒展眉头，好好睡上一觉。有妻如此，夫复何求。其实对于崇祯这么复杂的人而言，能够安稳地度过一个无梦的夜晚已是幸事，更何况是可以在温顺的指尖乘纳着的浮生之闲。然而后宫永远是无穷尽地纷争着的。不是东风压倒西风，就是西风压倒了东风，被冷落的妃子们纷纷表示压力很大，更有流言飞语中伤着田妃，认为她学琴之道不正，狐媚蛊惑，或者压根就是习从男子，并编织着甜美的却是恶毒的浪漫爱情故事。流言往往比生活还真实，一日崇祯去皇后处聊天，又想起弹琴的事情，便请皇后对琴抚弄一曲，可惜皇后并没有受过这样的教育，也没有杉菜对着钢琴乱弹的勇气，气不过便说："您也不问问田妃是与何人学的指法?"

言外之意，弦外之音，狐疑如崇祯自然知道妻子的意思。一日他又去田妃宫内，他便诘问起此事，田妃战战兢兢，但是还是讲述了习自母亲的过程。看到崇祯将信将疑，这女子便在自己生日 party 上邀请母亲入宫，更彪悍的是在思宗临幸之际，以《广陵散》助兴。这个过程确实叫人觉得好囧，但是崇祯彻底放弃疑虑，与田妃日益如胶似漆。这种知音之情是别的女子艳羡不来，也是其他后妃无法牵绊住她们世界里唯一的男人的。后来崇祯自作五道访道曲请田妃弹奏，可以说是曲赠知音了。其实在我看来，这对帝妃之情又与杨玉环李隆基的爱恋一样难能可贵。

娴静的闺阁，镂空的花窗内间或洒过几抹阳光，手指与蚕丝的勾绕，梧桐木散发着馨香，慢慢地从香炉中袅袅升起的烟雾，这样的日复一日，年复一年，真是不知道女子爱的是琴，还是琴赋予了女子更多的情韵。凝聚成精魂，便有着许多琴中女魄的神话故事。

南宋的金鹤云便遇见了这样的神话，这是一个善琴的男子，寓居于寺庙之内。事实上，寺庙、荒宅这些都是遭遇女鬼、女神仙、女妖精的必备场所，我们的故事也会在这里开始。这个善琴的男子每夜的琴声终于招引来了一个素衣女子。女子幽幽地说自己幼年便善音，听到琴声情不自禁地走来。金鹤云很开心，与女子琴音相交，女子有玉手抚琴，月夜中彼此心灵相惜，这样转眼半载。直到一日金鹤云离开寺庙，与女子挥泪而别。这样的伤心往事是人生中不经意的插曲吧。直到一别三年之后，金鹤云遇见了一位故人，说是在他当年寓居之所的墙下挖到古琴一张，知道金生爱琴，特来相赠。金鹤云感激赠琴之情不已。月夜下设净室供放，只可惜公务繁忙一直没有机会再开琴匣抚弄。这天夜色正好，月色正凉，金鹤云隐隐听到净室内有人抚琴之声。初时还以为是错觉，后来越来越清晰，越来越引人入胜。琴声似曾相识，踏着月色，金鹤云循声而来，居然是三年前那个女子，素手抚弦，依旧十八九岁的模样。

我不知道后来他们是否还有什么故事，或者是否又有了个叫做法海的大和尚来收妖，只是觉得那种听到自己熟悉的乐曲，见到那个好久不见的人的那一刻是最美妙的。琴寄托的是相思，相恋，相怨，或者更多男女之间无法言表的情绪，流露于女儿的指尖，是别样的轻灵。这也是历代女子对琴别具一格的阐释。

琴声，永远是撩拨人类灵魂的最深处的那一弦，当女子在其中填入了自己深深的情韵，士大夫的治国安邦也好，高山隐士的隐逸逐仙也罢，都无法囊括住这样的生命的别样情怀。点点香惹女儿吟，十三徽上，写尽闺阁心思。

棋——麻将其实是集大成的雅趣

很多时候，走到棋牌室附近，探头看到的便是四人端坐各守一方的麻将群英。麻将作为一种为大众接受最广泛的棋牌类游戏，几乎遍布祖国各地。这种棋牌虽然简单易学，却变化也无穷，因之在大江南北消长不息。亦是婆婆妈妈们消磨时光的绝佳游戏。

有那么一刻，当满眼看到的是麻将占领了整个棋牌室时，我恍惚看到了那在历史尘埃中的一枚骰子，渐渐走来，那时候，它的名字还叫做，叶子。

它最早起源于唐代。同时专家们认为，这种游戏是女人们的发明。那个对什么都很有兴趣的欧阳修是这样记载他所知道的叶子的：“唐人藏书皆做卷轴，其后有叶子，其制似今策子，凡文字有备检用者，卷轴数难卷舒，故以叶子写之。”于是后来这种书签性的东西变成了叶子戏的道具，并风靡晚唐。这种游戏一旦形成，便吸引了无数前仆后继的参与者，上到王公贵族，下到庶士百姓，都很痴迷于这项游艺，当然以闺阁寂寞的女子为主力。唐人的《杜阳杂编》上就有了关于同昌公主昼夜斗叶子的八卦流传出来。在那个没有电，一切都很黑暗的年代里，想玩夜间场也是需要一定实力的。比如这位公主就命令家人用红玻璃盛着夜明珠来照亮，其吸引人若此不免叫人想起麻将的诱人。

它的流行在宋代被推而广之，而且被宋太祖要求，宫娥妃嫔们都要学习，以明圣心。上有所好，下必甚焉。宫女们用以消永夜，而小民们更是对此戏的爱好日趋浓烈。很多文人，更是为其编辑教材，大规模推广。宋代游戏之繁荣一向是为后人叹为观止的，再加上这叶子一戏，也不过是锦上添花而已。可是当彼传播至辽人处，引起上下一片学习热潮之时，举国上下斗叶子，叫人觉得这是件十分需要开防沉迷程序的游戏了。辽穆宗更是很强大地开始和宫娥大臣们赌钱玩，不免叫人扼腕含泪，皇帝陛下，你就这么缺钱么?!

当然，在游戏中增加了赌钱，就增加了几分刺激，这也是这个游戏日渐诱惑人之处。随着这种纸牌游戏的不断翻新与改革，到了明代的时候它已经成为了"凡士人宴会，闺房杂聚，与夫歌台舞榭之间，酒坛博馆之下"到处盛行的游戏项目，它被认为"思深于围棋，旨幽于射覆，义取于藏钩，乐匹于斗草，致恬于枭卢抛掷"。这里把围棋、射覆、藏钩、斗草、枭卢与叶子戏两相对比，叫人不禁要疑惑起来，虽说它确然要比枭卢这种类似于现在掷骰子赌大小的游戏一样的游艺恬淡些，与藏钩有着一定的血缘关系，但是这种我们现在妇孺皆能上阵的麻将真的比古老的围棋还能引发人的深思，比连贾宝玉们都觉得是游艺的祖宗的射覆还有趣，比我们前面讲的斗草还快乐么?

抛却斗草我们已经说过，且先来说说围棋。围棋应该是我国流传下来最古老的游戏了。在古典文化中，它不单单是一种斗智类的游戏，更是一种文化形态。也许我们看过了太多和围棋有关的历史故事，神话传说。于是我这里稍微说一些围棋在闺阁的事情，使读着书的你一方面更加诧异叶子戏居然能雅过此。而另外一方面，顺便也在闺阁的黑白子中感受些胭脂气息。

说起来，围棋是一种男人的游戏。它的起源就带着天下于胸的气度。《路史后记》中说尧娶妻富宜氏，生下儿子丹朱。可是这个丹朱太子的行为不好，尧很不满意。有一天，他到汾水之滨，看到俩神仙对坐在翠桧之下，划沙为道，以黑白行列如阵图。这种百年难遇的事情，自然要问问自己最关心的儿子问题，于是尧帝就跑去问怎么样能够帮助自己儿子快点长大，不要这么浑浑噩噩的办法。其中一个神仙说："丹朱善争而愚，当投其所好，以闲其情。"指着沙道石子："此谓弈枰，亦名围棋，局方而静，棋圆而动，以法天地，自立此戏，世无解者。"另外一个神仙没有说话，但是就这样一句话、一盘沙便足以点拨丹朱了。回去后，尧教丹朱学习围棋，据说果真有了长进。后来天下虽然给了舜，但是丹朱也能作为一个好人好好活着。当然也有人说传授丹朱围棋是授神权于丹朱，授王权于舜，这些我们且不论，只是说围棋一艺的深刻博大，包容了古人的治国方略、治军理想等等，又带有了一定的宗教意义。

比如善于搜神的干宝在他的那本著名的《搜神记》里就曾经记载说汉代的宫内要于八月初四这一天来下围棋，赢了的，就可以这一年幸福快乐，输了的就要终年疾病，要用丝缕对着北斗星祈福才能免灾。

像这种叫人匪夷所思的事情其实起源于刘邦的戚夫人。这位又会唱歌又会跳舞又随刘邦征战三年的戚夫人是手谈高手，她经常于这一日的竹下陪同刘邦下棋，于是便有了这样的成例。能与天子对弈，这自然是取得宠爱的方式之一，然则也是一种与天子在政事上的交流沟通，因之才最后在刘邦死后为吕后所妒害而死。这种参与其实是女子涉足男子世界的一种尝试，也为女子在竞技游戏中博得了一席之地。

从此围棋也成为女子的“必修功课”，这种功课要是达到一定等级还会有个很好听的称呼叫做，女尚书。不过这是在那个很 open 的唐代时候的事情了。“宫棋布局不依经，黑白分明子数停。巡拾玉沙天汉晓，犹残织女两三星。”宫娥居然昼夜斗棋不休，我们也只能说个中围棋高手不少，而且，唐代的宫禁居然对围棋如此开禁也和围棋之雅有很大关系吧。女子，在横纵的沙场上，纤纤玉手与黑白子相映成趣，一种女将军的娇蛮，煞是别样。“红烛台前出翠娥，海沙铺局巧相和。趁行移手巡收尽，数数看谁得最多。”这诗虽然写实，却将夜间对弈的情景勾勒得鲜活。一朝进入画师的眼睛里便成就了《荷花弈钓仕女图》这样的名画。皇城之内，棋盘之间，自然可以消磨时间，倘若能有与天子对弈的机会更是前世修来的福分。

然则伴君如伴虎，像灭亡北宋的金太宗完颜晟，一日与皇后下棋只是因为一子之争便打得不可开交。当然皇后也不是好惹的，作为大宋荆王之女，又棋艺高超，哪里肯让，最后落得个被太宗斩立决的下场。这个血淋淋的画面一直警示着后妃们，皇帝在后宫下棋是来休闲的，不是来争夺棋王称号的，让一两个子没问题，但是要是使大皇帝陛下没面子了，那么人生就没得混了。像我们前面所说的陪着崇祯弹琴的田妃便是个极其懂得为妃之道的女子。她能使崇祯处在一种要赢很艰难，又不会输掉的状态下，既使游戏有趣，又维持着帝王的面子，果然是天子之妻妾最难为。对于田妃来说这样的棋下起来已经没有半点娱乐，只是一种侍奉，是棋道的悲剧也是女子的悲哀。后人以诗来咏叹，不妨在这里与大家共赏析一下：“奁分一局两相当，坐隐还教共御床。自分身如玉棋子，要将冷暖问君王。”

这里需要对这个“奁”说几句话、这里用它来借代围棋，与下面所谓“坐隐”的功能是一样的。但是为什么要单独拿出来呢，是因为这个奁是一种叫做弹棋的游戏的缘始，这种游艺绝非我们一直在说的围棋，当然也和麻将无甚关系了，它是一种有类于台球的东西。最初的起源就是妆奁戏，笔者在后面会介绍到这种游戏，这里就不细说，只是怕读诗读到此处的您会迷惑，会否是笔者引错了诗。我可以负责任地说，没有。因为一者，此诗的原作者说：“田贵妃每与帝弈，辄负二子，未尽其技也。”弈，围棋之谓也。当然也许你觉得后世把这个弈字用得泛化了，那么这第二点原因就在于，弹棋到了宋代，便忽然间消失了。不知道是不是到了宋代玩的东西太多了，这个古老的游戏就被忽略了。于是后人在又没有百度、谷歌之类的搜索引擎的情况下，很容易把弹棋这种游戏与围棋混淆，所以典故也就用得谬误了。

以上是一些解释的口舌，而读及此诗时所感到女子的那种哀凉却绝不因为他典故的用错而消减半分。“自分身如玉棋子，要将冷暖问君王”，这样的哀句把女子从不能为自身做主，即便是在游艺里依旧要战战兢兢捏紧自己的命运的状态表现出来，叫人只有一声叹息。

围棋之雅并不是被贵族阶层垄断起来，即便是在山村茅舍，那种清幽与闲适亦是黑白纵横、手谈切磋的好场所。像唐人王积薪的一次偶遇，便真是奇之又奇。说到王积薪，是玄宗时期的围棋高手，这个人爱棋成痴，据说即便是名声响彻大江南北也不居名自傲，每次出去游玩都要带着一个竹筒，里面放着棋子和棋盘纸，路上无论遇见谁，只要会下棋的，便拉来切磋一番。算是博弈天下敌手了。这一次他遇见的是两个女子。一个年长些的是婆母，年轻的女子是个媳妇。两人一个住东屋一个住西屋，睡下没多久，婆婆可能觉得睡不着觉了，就喊，媳妇呀，咱们下棋吧。王积薪很纳闷，这棋可怎么下呢？就听媳妇在东屋说：“我东五南九下个子。”婆婆便应声：“东五南十二。”就这样你来我往直到四更，婆婆便笑着说：“你输了，我赢你九颗子。”于是大家就都安心睡觉了。第二天辞行之时，王积薪定然不会放弃这样好的机会，上前问棋，那婆母使媳妇点拨几招便不再言。王积薪再问时，婆母才说，便是这几招交与你，你已然天下无敌了，何必再学。隐逸在民间闺阁之内的高手居然如此强大，真是宛若神人一般。可见闺阁中赌棋之趣已是普遍，并有越来越超越丈夫之势。

随着女棋手的逐渐强势，世人虽然对女子下棋技艺有所改观，却也把她们看做异类。像那个穿着男装四处游历的娄逞，不但赢得棋名，更是担任了扬州议曹从事这样的官职，说起来也是很强大的，不幸的是事后她的女儿身份暴露，被齐明帝亲自下诏回乡。她自己发出最后不屈的声音说："有如此伎，还为老妪，岂不惜哉!"这是一直叫作为女性的后世读者扼腕的事情。这个勇敢的女子却被史官称为"人妖"，简直是令人发指。她用她自己独特的个性，勇敢的精神拼得了中国历史上第二个有名可稽的女棋手，算是告慰其奋斗之灵魂。

视角回到古代那个男权话语笼罩的社会，围棋作为女子四艺之一，是用于修身而不是用于争气的。当一个人能够在胜负之中宠辱不惊，那也是女子淑德所要，这便是围棋的真谛所在——求雅不求争。不过说实话，有海一样心胸的女子固然是少数。那个一直都很有生活情趣的李渔有一段很有趣的话来说男子下棋不要赢女子，煞是有趣。他说："但与妇人对垒，无事角胜争雄，宁饶数子，而输彼一筹，则有喜无慎，笑容可掬。若有心使败，非止当下难堪，且阻后来弈兴矣。纤指拈棋，踌躇不在，静观此态，尽勾销魂，必欲胜之，恐天地间无此忍人也。"女子下棋的认真状态在男子眼里变成了一种吸引，化作了一种怜爱，所以说哥下的不是棋，是秀色可餐。

与他有同感的人大有人在，比如刘铉写了一首《少年游·戏友人与女子对弈》："石榴花下薄罗衣，睡起却寻棋。未省高低，被伊春笋，拈了白琉璃。钏脱钗料浑不省，意重子声迟。对面痴心，只愁收局，肠断欲输时。"这样娇痴之态，刚刚睡起便去捻棋来玩，对手还没有准备好，她已然执了白子开始下了起来。专心致志的神态教对面的男子真是希望这棋不要有结束，更不舍得叫她输掉，果然是进退两难啊。

像黄景仁写的《虞美人》就更加有趣，“昨宵博塞今宵弈，曲院云屏隔。月明扰界粉窗梅，只此春宵一局不用催。金杆碎玉敲还寂，觅个中心劫，心知负了晕红腮，忽地笑拈双子倩郎猜”。这对弈情形已是幽雅至极，梅影横斜，春宵对弈，小女子的认真把这个悠然的夜凝固了。可是还是力有不及，眼看要输了，就捻起两颗子来叫对面的男子来猜。这样的一盘棋固然没有什么结局，可是女子的天真可爱，可怜可惜早已撩动了整个夜。这份闲雅，叫只是翩然一瞥的人都会心动。

于是围棋作为闺阁之间少不了的博弈之一，是闲雅之气的凝集，即便是一些楼馆歌姬，以美色作为生存手段者，倘若会手谈，也会带有一股不同寻常的气度。比如李师师。李师师作为一代名妓的更主要原因当然是她的爱慕者里有宋徽宗这么一位。当然最先叫宋徽宗刮目相看的就是一日对弈之时，李师师的大获全胜，得赏千两。这颇投合徽宗脾胃的女子后来成为了历史上的传奇人物，虽为名妓，实为才女，优雅超群，绝非下陈。因之围棋，一向被人尊崇，也为闺阁喜好。《红楼梦》中不同场景，添设不同的下棋情趣，浓浓的闺阁脂粉早就掩盖了围棋本身的萧杀之气，一场游戏，几多雅趣。而其内部的角逐之力，巧斗之思在每个人的境界而不在其技术多矣。

古人所谓斗叶子思深于围棋，不免是夸耀之言。但是这似乎与叶子戏的形制有关系。到了明朝，叶子已经定型为主要两种形式，其一是将骨牌上的点数印到叶子上，中间印有一些元明戏曲或《水浒》人物的形象，人称骨牌叶子，这是当时广泛流行的一种牌戏活动。《红楼梦》里摸骨牌，就是这种游戏，但是它的规则不及马吊叶子复杂，对后代的影响也小一些。不过现在我们还能看到实物。如《元明戏曲叶子》全套二十六张，上栏刻文字，下栏镌图画，这是明万历末期的作品了。其二是马吊叶子，这个就是对后代麻将有着巨大影响的纸牌游戏方式了。马吊叶子一般一寸阔，三寸长，用裱好的几层厚硬纸印成，其数量为四十张，花色共分十字、万字、索字、文钱四门，其中十字共十一张和万字共九张，每张上均画一水浒人物；索字共九张，上画的是串钱的钱索；文钱共十一张，上画各种象形之图。这种玩法首先牌数要比骨牌多了，玩法也就可以更灵活变通，游戏时由四人入局，这和麻将的形制起码相似了很多，每人分牌八张，其余八张置于中央，以骰定出庄家后，轮流出牌，以大击小，一圈称为一吊，得两吊者保本，三吊至五吊间为胜一桌，六吊起当胜二桌。前七吊赤手也不怕，最后第八吊得胜，收全功焉，叫做抢结。这也是为什么现在麻将总是说打八圈的原因了吧。

人说，弹琴是独乐乐，而围棋是与人乐乐，反而斗叶子，乃是与众乐乐。四个人的斗智，比两人的星盘斗移更多些乐趣，也更多些智慧的碰撞。像《镜花缘》那样专门讲女子雅事的书就设立了专章来写马吊。其第七十三回《观马吊孟女讲牌经》："章兰英说：'请教兰言姐姐，我们还是打古谱、打时谱呢？还是三花落尽，十字变为熟门；还是百子上桌，十子就算热门呢？'师兰言道：'要打，自然时谱简便。至于百子上桌，十子就算熟门，未免过野，这是谱上未有的。若照这样打法，那'鲫鱼背'色样也可废了。'宰玉蟾道：'正是，妹子闻得'鲫鱼背'有个谱儿，不知各家是怎样几张？'孟紫芝道：'我记得桩家是红万、九十、六万、六索，余皆十子、饼子；四八之家，百子、九饼、一万、一索、三万、三索、七万、七索；幺五之家，九万、九索、五万、五索，余皆十字；二六之家，一张空堂、四张饼子、三张十字、二索当面、四肩在底。二六之家，关赏斗十，桩家立红，九十加捉；四八之家，以百子打桩，或发三万、或发三索；大家照常斗去，那就上了。'"这里约略可以看出当时的马吊是按照谱来打的。这所谓的谱就是不同的打法吧。定好规则，大家就可以依样打来，这种甚是方便无须多言的斗法之所以流通，那是因为在清代，已经有了很专业化的马吊馆，设有牌桌，还有专业的老师讲解，特来讲习马吊学问。如是马吊流传越广，则发人深思处越多。

至于说它的幽于射覆，则又说它的神秘性比射覆还难于捉摸。射覆是什么？最开始我对它的理解很简单，就是唐御弟口中的那个“破烂流丢一口钟”。至于一口钟原本就是一件破斗笠，《西游记》剧组拍摄错误这样一个讹误我只是很想顺便提及一下，主要的目的是想说，射覆其实就这么简单。就是要猜柜子里或者盆子里藏的东西是什么。没想到啊没想到，车迟国的国王居然如此风雅，玩起了后人觉得好玄妙的游戏来为难西去行者。

为什么说射覆玄妙呢？我先来讲一个东方朔的小故事。东方朔这个人一向被认为很多行业的祖师爷，他对很多事情都很精通，医卜星相，无一不能。于是在射覆这样的事情自然也是要独占鳌头。这一天汉武帝找来很多射覆高手，叫他们来猜自己藏在瓦罐下的东西究竟是什么。这看起来很扯的游戏却使得大家都冥思苦想。谁知道这位又寻仙又憎恨巫蛊，既开疆拓土又穷兵黩武的帝王究竟想什么。万一答得不好，忤逆了陛下的心思，那就会很惨很惨。大家猜了很多东西，果然汉武帝频频摇头，真是后果即将很严重了。这个时候东方朔走出来说，“我对《易》这个东西略懂，不然我来八卦一下，然后猜猜看对不对。”他拿着蓍草“妈咪妈咪哄”了一会儿就对刘彻说：“臣以为龙又无角，谓之蛇又有足，跂跂脉脉善壁，是非守宫即蜥蜴。”刘彻抚掌大笑，果然就是这个东东，于是赏赐了东方朔一些东西，以资奖励。至于东方朔究竟是怎么猜中皇帝的心思，是否通过别人的口风打探出汉武帝的真实想法，这个聪明如曼倩，自然叫人无法揣度。但是就我所知道的射覆，确实是从卜筮入手，结合易的义理卦象。在中国人的哲学理念里，宇宙万物是有着四维立体的全息性的，具体很浅近的解释起来就是同一体的部分与整体之间、同一层次的事物之间、不同层次与系统中的事物之间、事物的开端与结果、事物发展的每一个过程、时间与空间、抽象的意识、概念数字与具体的事物间都存在着相互全息的关系。从这些关系来洞悉藏物者微妙的动作、藏物的方位、次序、具体什么情况……说起来，这并非神仙之术，而是一种逻辑推理思维。这其中的占蓍之法又非我这短短篇幅所能容纳的，总之一如林黛玉所说，这种射覆真的是很难很难。聪慧如彼也未必全通其理，况且大观园内的一般丫头们，故而她一提及，便被否决也是必然之理。

于是说起来居然叶子戏能够比射覆还玄，那也许是一种过于吹捧，但是相对而言，四十张叶子牌排列组合有着太多的不同，要是能猜到对方的牌简直是一件神仙才能达到的境界。从这样一方面来看，叶子戏确实叫人觉得很难看透呀！不过比较起射覆，要加入易的思维模式，严谨的推理方法，那不免一轮牌玩起来太累，只能说仁者见仁智者见智的玩法，也许高段位者能够以易理推论，也是我等高数尚未学好的人所望尘莫及的吧。

最后说说枭卢，这是个我个人看起来就很喜欢玩的游戏，并不是因为它听起来很古雅，而是，这是一种很简单却也很热闹的游戏，其实就是古代一种叫做樗蒲戏中的骰子名。说是幺为枭，最胜；六为卢，次之。除了骰子以外还有盘、马、杯等物件，用于走棋。现在它的玩法已经很难说清楚，但是有一点叫人很清楚的就是，这种游戏有点类似于我们现在玩的大富翁，根据抛掷出来的点数走棋，最先到达终点者为胜利。但是后来因为这种游戏没有大富翁那么规则详尽，也不会随机发生那么多好玩的事情，逐渐变成了掷骰子比大小这样的赌具。我们常在电视里看到一些小混混在赌场里喊幺幺幺，就是在喊这些东西了。

叶子戏，或者日后的马吊、麻将在闺阁中传播自然是要内敛许多，而且无论是我们在红楼梦里徘徊，还是在现实诗词中阅读，更或者是日后的上海滩那些精通麻将的太太们的聚会中，我们都可以看到，这种游戏的主要参与者是成年人，即便有一些闺阁女儿也是奉命陪玩儿，对于究竟为什么这个闺阁游戏的年龄层会比较长笔者自己也深深纳罕着。

也许没有围棋的运筹帷幄，却有着围棋的闲适；没有斗草的纯净，却有着斗草一样胜利的小快乐；虽然没有射覆的高深，却有着射覆的趣味；虽然没有枭卢的粗犷，却有着枭卢的刺激……

也许就是这种集多家之大成，又玩起来不是很难懂的棋牌类游戏更适合需要从繁忙的女红家务中抽出身来的婆婆妈妈们吧。

便谨以此戏向闺阁中的那些不再因为爱情而愁苦，不再因为子嗣而焦虑，不再去探看闺阁而外的世界的女子们致意。她们乐天知命，把自己的笑容绽放在午后偶尔一乐的叶子，那种安时守分才是我们的闺阁里一辈辈过下来的日子。

画——纸上还是脸上 这是一个问题

我曾想过这样一件有趣的事情，倘若我把一支毛笔交到读我书的您的手里，您会做什么。估计首先想到的就是蘸了墨，找来宣纸，写上一两个毛笔字。或者有工于画者也许随手画一个小鸡吃米图也未可知。可是倘或我交给了古代女子，她们会做什么呢？如果我不是不幸交给了才女们的话，她们的第一个动作应该是，去画娥眉。

差别真的是很大呀！

女人的画，在脸上，而不在纸间。

装扮自己，本来是妇容的要求，何以就游艺了？坐在阅读者的位置，笔者本人也要疑惑继而指责本章的跑题，然后用红红的笔写个不及格来评判。可是在那个叫做张敞的以及他的粉丝团们必然会赞同笔者将画称之为游艺这样一个英明的决定。因为，这是他人生中的最温暖的记忆。于是他会带着微笑给他的同僚们朋友们描述，梳妆镜前，紫毫轻提，慢慢勾勒是怎样的乐趣，又是引领了一种怎样的时尚。

张敞画眉的故事激励着一代又一代渴望婚姻可以化成真正爱情的女子们，也告诉了那些以为婚姻就是牢笼的男子们，原来夫妻可以有这样的小浪漫。于是她们或者他们对于闺阁梳妆保持着一种朦胧的神秘感与甜蜜的幸福感，这两种感觉交织在一起，在胭脂中调入了相思，所以修仪容就绝不是简单的例行公事，也不是单纯的道德上的要求，它变得细腻，有趣，还带着那么一点点的对夫妻相敬如宾、彼此呵护的期待。即便这种期待往往是一相情愿的。

画眉，只是装扮仪容的一种。再有点朱唇，贴额妆，饰花黄，等等，这些都是对一个女子审美意识的考验。倘或没有构图的吻合，没有用色的错落，没有叫人叹为观止的创新意识，那再多的化妆品摆在一个女子面前都是对她的嘲讽。一个能够有美感的女子和一个天生丽质的女子一样叫人无法放弃多看一眼的念头。而一个既有美感又有难自弃美貌的红颜，那才是男人眼中的极品。

所以，每天清晨，伴着晨雾，那提着画笔在对景装扮的人画的不是妆，而是艺术。

那就让我们首先从黛眉勾勒下去，将那一双眉目多情画上明月楼。

事实上，笔者率先写出眉毛的重要也是为某楼梦所震慑，想为古人之眉证明：眉妆，对于闺阁女子而言是何其何其何其重要的所在，倘或剃去不画，则有何面目再言所谓忠于原著。

结束上面的一小段腹诽。我们正式进入对眉妆的介绍，好吧，爱美的女孩子们切勿着急。

作为时尚风向标，眉形、眉貌、眉色都可以叫我们很好地判断一个女子存在的历史时期，所以想要穿越的同学们请注意了，如果你们实在不知道自已穿越到了哪个朝代，请仔细地去观察身边女子的眉就是了。

历史要从五千年前翻开，故事要从很久很久以前说起，据说早在遥远的周代，就已经出现了关于对女子眉毛的审美。当人们看到女子忧愁的双眉时不免转过头来看向迢迢远山，那永远不知道前方是什么的远天之下，是永恒的别离还是美人的芳心，直达心底的那一道关隘每每为男子心中留下无法磨灭的哀愁。所以，对于眉，东方男子有着他们特有的情有独钟，对于眉，东方女子则为悦己者容了千年。

战国时期，画眉的习俗已经在广大人民群众中默默地出现，并被记录在典籍里。那时候的眉虽然有宽窄、曲直的不同，但是大体上来讲，都是长眉一族。这种眉斜插入鬓，仿佛迢递的远山，暗暗地将人的视线全部吸引在眼部。远山眉就是其中最典型的代表。这种长眉后来成为古典时尚，经常在历史的长河中偶然现身，告诉我们什么叫做一不小心把经典堕落为时尚。在李白的《上阳白发人》中再次现身的长眉便遭遇了这种尴尬："小头鞋履窄衣装，青黛点眉眉细长。外人不见见应笑，天宝末年时世妆。"

由于战国的纷乱，女性审美往往不及兵书战策、百家纷争来得实际，而到了秦代，那个坐拥江山的始皇帝陛下有了足够的能力去欣赏充下陈的燕赵之姬，于是我们就听说："秦始皇宫中悉红妆翠眉，此妇人画眉之始也。"这句话告诉我们说，其一，虽然很多出土文物告诉我们说画眉始于战国或者更早，但是中国人的大好习惯是把很多东西归源于名人的，比如秦始皇；其二，我们知道始皇帝的宫中女子开始统一着装，一例长着一条条绿色的眉毛。这都是怎样可怕的景象呢？想起来幸好现在电视剧的化妆师虽然乐于创新出奇，但是还没有夸张到给女演员们画上这样一条条"复古"的绿色眉毛。当然，这也和出土文物中尚未见到过画的真正柳叶一样颜色的眉毛有关。这个翡翠的"翠"究竟是什么颜色？古人的字典常用"青"来释"翠"。而今人的字典则公然把绿色也加了进去，这样浓浅不一的颜色就使得在历史长河中来回跋涉的笔者我十分的疲惫，仰天长叹，"翠"究竟是什么呢？某一种解释，我觉得可以采用，那就是说"翠"用来形容色泽鲜艳。这种鲜艳我个人的理解是一种光泽。就仿佛我们在春日的阳光下看到门前大桥下，游过一群鸭。倘或是颈项间有深绿色的鸭毛，在阳光的折射下，那种绿油油其实给人的是一种绿到发黑的视觉感观。将这种绿到发黑的视觉感官移植到眉毛上，则似乎最高明的画家也无法再现出那一刻的天然动态之美。一如……我们现在有时候会在眼影上撒上一些金粉。那种颜色真是如梦似幻，有一种远山薄雾的效果。

这样神奇的颜色在哪里才能买得到呢?

好吧，我不是购物台。

这种神奇的东西叫做石墨。对于这种东西，大约阅读过初高中物理教材的您应该不是很陌生，它作为元素碳的一种同素异形体，没少被物理化学老师拿出来饶有兴趣地提及。想想它的光泽，便叫人能够想象翠色是何种感官了。而这种物品作为一种化妆用品在中国女子古老的梳妆台上搁置了几千年，那时候，它叫做黛。在文人的记录中它又有一个好听的名字叫做画眉石。这种纯天然石头的使用方式是类似于磨墨一样，然后用眉笔蘸着汁水在脸上图画。然而后来随着手工业的发达，石墨渐渐退出了历史舞台，随之而来的是一种叫做人工石黛产生，这种石黛是用苏芳木煮成红汁，再放入石灰，再浸在制作蓝靛的蓝汁里，然后伟大的三原色中的两个一混合，便成为了适合东方人的黑色。这样的石黛里面往往会添加香料，香喷喷的东西最惹人喜欢了。但是好景永远是不长的，一种新兴化妆品马上占领市场，成为千古诗人讴歌的对象，也为笔者的童年深深造成困扰。这种东西叫做螺粉。是的，就是我们诗词中常常读到的“蝉薄轻梳鬓，螺香浅画眉”里面的螺。要知道这种从来不会出现在化妆品中的奇妙字眼一度使得笔者认为螺香是一种便便一样盘在一起的香，古人的审美真是诡异呀！后来，无知无畏的笔者终于在某些大字典中知道了这是一种来自于西方的神秘且昂贵的化妆品。“螺子黛出波斯国，每颗直十金”。这样的宝贝并不是很多普罗大众用得起的，于是山寨本土化行动马上开始。现代汉学家谢弗认为这种黛应该是从骨螺贝中提取的化学元素，是否望文生义，还有待专家破解。或者称螺子黛是和其颜色类似螺壳也未可知，因为伟大的中国药学家们对彼研究良久得出如下结论：孙思邈说，“又方：真波斯青黛，大如枣，水服之，瘥”。这里强调这东西要用真正波斯产的，本土山寨的那种不行。吃了以后，病就好了。足以证明此品可放心使用，无损伤皮肤之杀伤力。而李时珍说：“波斯青黛亦是外国蓝靛花，既不可得，则中国靛花亦可用，或不得已，用青布浸汁代之。”可以认同的是，到了明代，螺子黛已经彻底本土化，再也不需要什么进口了。于是女子眉间多了一种固定的化妆品，更能画出翠眉，“一朵娇红翠欲滴”了。

这种从魏晋便开始流传的螺子黛，还有一个好听的名字名青黛。

当然，《释名》上另有对黛这样的解释：“代也，灭眉毛去之，以画代其处。”这是一种画眉的方式方法。也告诉我们说为了给作画留下更广阔的空间，是要将眉毛全部拔去的。其实不单是如此，到了唐代，还有开额的说法，大约是一些额头狭窄的女子会拔去额上一些头发使得额头更加开阔，为画眉留下更多广阔的空间，在种种眉谱中选择更适合自己的眉形。究竟古人的想象力有怎样丰富，究竟古人的绘画能力有怎样高超呢？时间反转到西汉时期，有一个在职场上混迹得十分红火的女子叫做吕后。吕后其人，我就不在这里介绍了，只是她引起了一个小小的时尚风潮，那便是“吕后眉”，又叫做“广眉”。这种眉一反当年常年流行款的长眉，而变得短小浓重，有歌谣说：“城中好广眉，四方且半额。”那种卧蚕样眉应该是显得女子一脸英气，而扫去长眉带来的娇弱柔媚，不过“半额”这样的审美实在是太夸张了，为刘邦同志感慨一下。

当然，正常女子还是走寻常路的，像前述的远山眉无论是卓文君还是赵飞燕还是一直到南唐后蜀，都还是主流的眉形，且流变颇多。“八字眉”就是其中一个。这种眉形在今天看来也只好长在笑星的脸上，制造特殊的逆“笑果”，可是古代女子却会把这种淡淡的哀愁勾画在自己的脸上。因为，女子的泪光与忧愁才是属于闺阁历史的主旋律，那些英气什么的不是一般闺阁中人能承受得起的。所以这种眉又叫做“愁眉”也就不足为奇了。这种眉，眉头高，眉梢低，且长，颜色又很重，在绘画艺术中出现的几率是很高的。

如果说这些眉形你还接受正常的话，那么翻开盛唐的画册，那一朵朵奇女子额上的桂叶眉，蛾翅眉大约就不是你我这种常人多能接受得了的吧，这些眉都讲求阔而不求长，讲求灵动而不求迢递，这种时尚风潮涌动，使得男子们不无新奇讶异，很快也加入了捧场的队列。元稹说“莫画长眉画短眉”，李贺诗中也说“新桂如蛾眉”。果然是眉间额上频见惊奇，眉谱什么的再添新招。唐人对美的大胆尝试也使得画眉这种闺阁活动不是简单的为悦己者容，而是一种争奇斗艳，倘若能日作一眉，创作新样，那便是朝着时尚美女的方向更进一步了。于是那眉或阔或细，或长或短，或浓或淡，或直或弯，舞动在额间眼角，真是叫人目不暇接。可以说眉在唐代，乃是一个无法逾越的高峰。及至宋代，虽然眉谱日新，眉形繁盛，但是却始终无有出其右者。及至元明清，除了元代带来了特有的一字眉外，便很少新创，反而走返璞归真的路线，觉得女子眉毛虽然要画，但是不至于太过夸张，要描画得如柳如月，却不再要求如桂如蛾了。所以在明清留存的人物画上，我们会觉得那一道道眉毛看起来何其相似乃尔，却也觉得甚是舒服，弯弯一道，藏尽内心的柔情似水，妩媚却也温柔。

事实上，眉画得好坏是分出女子美丑甚至智商高低的一件利器，对于眉，每个闺阁女子不容倦怠的事情。这是一种竞技类游戏，悄悄地毫无声息地在千年的历史中蔓延。当然，这种游戏输了的一方会从此转变了自己的命运，而赢了的一方则会平步青云，像吴绛仙这样仅仅是一个殿脚女而成为隋炀帝新宠的故事绝非虚妄。

当然，如果这里输了的话，还有一处可以扳回一城。

那就是，唇。

这一点上来说。东西方审美有着趋同性，而仔细分析起来，又有不同。东西方都把唇当做性感的象征，是开启男欢女爱之旅的第一驿站。而对于具体画唇的要求却大相径庭。较之于西方唇厚的审美，东方的樱桃檀口似乎成为历代公认的标准，其颜色深浅随意，浓淡相宜，在选择上可以更好地搭配其他面妆。

当然提到唇红就不能不叫人想到自幼就爱好女儿胭脂的贾宝玉。他有对口红制作、使用的经典心得："上好的胭脂拧出汁子来，淘澄净了渣滓，配了花露蒸叠成的。只用细簪子挑一点儿抹在手心里，用一点水化开抹在唇上，手心里就够打颊腮了。"这里可以看出，无论是涂唇还是腮红，所用的化妆品都是一例的——将胭脂化开后的红色水液。可是，其实倘若我们回到中国女人最美的时间、地点：大唐长安的话，那么就会对唇红有着别样的见解了，现在就让我们回去吧。

这里是长安丹凤坊的平康巷，里面生活着各种极尽打扮的女子们。她们被称为艺妓。这些女子常常引领着时尚的脚步，不断地挑战人类嗅觉与色觉的绝对高峰。我们专为考察她们的唇红而来，所以就请掀开面前的小玉盒，感受这种类似于我们现在唇膏的东西吧。是的，即便是外面的玉盒叫你很有买椟还珠的冲动，但是里面真正昂贵的唇红才是叫人叹为观止的。其实这种唇红，我们称之为口脂更为恰切。它的制作方法"蜡二两、紫草二两。土先炼蜡令消，乃内紫草。煮之，少时候看，以紫草于指甲上研之、紫草心白即出之。下蜡，勿令凝，即倾弱一合甲煎于蜡中，均搅之，讫，灌筒中，则勿触动之，冷凝。乃取之，便成好口脂也。"当然，光是这样也许还可以说得过去，可是从南北朝时期起，大胆尝试的"科学家们"就不断地在口脂里添加不同的香料，从平常的丁香、藿香到麝香、白胶香、上色沉香，等等，等等，一盒口脂有时会添加十几味香料，其价格昂贵也就在所难免了。但是其出现的效果要比现在的唇膏神采奕奕得多，也香气扑鼻得多，一时成为男子心目中最勾魂摄魄的那一刻。再加上它的颜色有太多的可选性：从浅红一直到深紫，更配上好听的名字——石榴娇、大红春、小红春、嫩吴香、丰边娇、万金红、圣檀心、露珠儿、内家圆、天宫巧、恪儿殷、淡红心、猩猩晕、小朱龙，等等，那一点香唇飘过，无限魅力绽放。士子们和寂寞的烟花女子构成了一派纸醉金迷。但是毋庸置疑，这个时候女性的美也散发出最耀眼的光芒。然而也许这亦是中国女子的悲哀。

以吻封缄，告别那飘荡着的欲望与迷离。虽然那朱红或者绛紫点缀出无边风月，却遮盖不了女子永恒的忧愁，闺阁的女子们安闲地点出她们的樱唇，也无非是等待花开花落，燕来燕去。所有的悸动都淹埋在最后的一点勾画，看青春慢慢流淌。

最后想说一个和今日不是很沾边的化妆方式，它在今天绝少被应用于化妆，甚至也许它就这样悄悄地退出时尚界从此凝固为历史，然而，我却不忍心不把从前的美丽拿出来给您看，因为即便今天会觉得这种装扮有些怪异，可是它确实一度成为闺阁女子颜间面上必不可少的一部分，那便是靥饰。

靥饰有很多美丽的传说，最著名的便是宋武帝刘裕的寿阳公主的梅花妆了，这位在正月初七仰面睡在含章殿下的公主，睡醒了以后就接受了上天的赐予，一瓣梅花跌落额间，从此成为一道美丽的印记。温暖的冬日，惊艳的梅花，小公主的额头，这种种意象引领了一种时尚，贴花钿。闺阁女儿纷纷效法，贴靥工艺不断加深，不但形状颜色复杂多变，连质地也有了叫人意想不到的东西出现。比如鱼鳞，还有鱼鳃骨，等等。当然最叫人觉得熠熠生辉的便是翠鸟的羽毛，整体花钿呈青绿色，生着点点的光芒，在太阳下炫耀夺目。

好吧，从传世的各种图画中我们不该质疑古人的审美情趣，但是如此复杂的东西是如何贴在腮上还可以摇曳多姿的呢？这有一个秘密，那便是天然无害环抱护肤产品呵胶的面世，几乎解决了所有的疑难问题。这种呵胶是用鱼的泡泡制成的，有些类似于我们现在的邮票背面的胶水。只要轻轻对着它呵气，再蘸点唾液什么的便可以轻松地贴在脸上了。而卸妆的时候只要用热水热敷，或者直接用手撕下来也没所谓，真是方便之极呀。

就仿佛一个画板，女子的脸上可以勾画出更多美丽的画面。有贴在额间，有贴在酒窝处的，还有贴在两腮，总之这种贴纸可以在女子的面庞上画出很多美丽的图案，在额头上、眉梢头、眼角里、双颊处都可以贴上红绿金等不同颜色，呈现出花鸟圆点形等不同形状的小片花钿。这些花钿活泼泼的随着女主人在闺阁的寂寞中享受着偶尔的春光，而一旦女主人快活起来，那些花钿也会因为汗水或者行动而撒落下来，所谓“谢娥行处落金钿”。就仿佛一朵盛开的花朵，在行动中飘落下点点花瓣，叫人惆怅美人过后，空留遗迹。

对于花钿来说，单纯的颜色形状还是不够的，讲求用香的古人也会在花钿中加入令人惊奇的香气，其做法听起来有如炒菜，可是做出来便是美不胜收的创意性作品，调出斑驳的美丽来。

> 甘松、檀香、零陵、丁香各一两，藿香叶、黄丹、白芷、香墨、茴香各一钱，脑麝为衣。右为细末，以熟蜜和拌，稀稠得所，随意脱花，用如常法。

真是叫人赞叹不已。这种淡淡的香气在脸颊间，在唇吻侧，在鼻翼中，怎能不使男子勾魂摄魄，又怎能不使女子独谈春光易老，女为谁容呢？

当然，不单有贴在面上的各色花钿，还有一种面靥是用来妆点女子的酒窝的。酒窝是可与而不可求的上天赐福，很多人是不具备这种叫人看起来就赏心悦目的笑靥的。但是追寻美总是闺阁的一大乐事。经过不知名的多少红妆发明家的研究，假靥便悄悄地流转于市井街巷，成为女子们的新宠了。这种面靥是要用朱笔点画出来的，画于左右两颊，现在我们看到的一些唐俑中依旧会有这样面容的女子笑靥如花地望着千年以后的世界，展示着美的魅力。

然而花钿也好，假靥也罢，都随着历史的推移而渐行渐远，基本上，到了明代以后便极少看到这种化妆品的出现了，今天，我们再对于脸面修饰的时候也最多是把五官修饰得欧美人一样立体。美的趋势已经转变，花钿也只能沉睡在美丽的诗词中，成为一种永远的想象，谁还记得，有那么一段时期，女子仿佛落英缤纷的梅花树，摇曳地行走在青石板路上，散发着古老的薰香。

有一点笔者是很想拿来分享心得的，那便是，很多夸张的，怪异的，甚至今人无法接受的妆扮大都盛行于唐代，而逐渐也消失了踪迹，这除了教科书上告诉我们说唐代和西域交流广泛，收到了不同的审美冲击而外，笔者倒愿意认为唐代女子的丰腴使得她们有更多的作画空间，使得不同的化妆品在她们的面颊上有更好的发挥。这样想想，忽然觉得，其实胖点什么的也没有怎样。不过骨感当道的今天，哪个女子还敢放纵自己，又把自己画得如此摇曳。这点小小心得也许不是什么正确的论调，却愿意和读书的你们说说笔者如此 bt 的深度思考啊。

注口樱桃小，添眉桂叶浓。

晓奁妆秀靥，夜帐减香筒。

李贺这一首诗，便写就了女子清晨起来勾画的基本事宜，对着一张粉脸，画出自己的忧愁或者快乐，或者揽镜自照，或者供人欢愉，而又或者，带着为悦己者容的喜悦与羞涩。内心的一点小涟漪，勾画在眉间唇角，便遮住了多少女儿心事。甜美或者苦涩的思念，那是闺阁间最含蓄的游艺。没有一个女子愿意在这场游戏中落败，而也没有一个女子获得过永恒的胜利。美，就是那么的转瞬即逝，画不住的容颜，流淌去的胭脂泪，洗尽铅华，最终剩下闺阁中杜鹃的一声哀鸣，不如归去。

对不起，我总是在闺阁的春光中看到黄昏。

那不过是历史的哀痛而已。

诗——几瓣胭脂染成的活体标本

中国是诗歌古老的国度，诗歌有着十分广泛的用途，比如抒情、叙事、唱和、赠答……它既是一个人最本真的释放，却又是一个人交际中最良好的手段。李白一诗千金，进入璀璨的大唐翰林院；吴兆骞一首词，生还吴季子。林林总总，诗从最古老的远方走来，直到清代末期，依旧是人们交际唱和、直抒胸臆的最好方式。

仿佛歌唱是人类与生俱来的能力，诗词在闺阁中，显现出不同于男子的色彩，带着些忧伤的颜色，涂抹出另外一抹美丽的天空。她们的意象轻约细腻，往往男子诗词中霞光一闪的意象，比如闺阁中的珠帘、落花、舞蝶、冷月，却成为她们诗词中占据中心地位的一群。一缕烟，一落叶，都可以成为她们咏叹的对象。实在是闺阁方寸之间，触目所及，因之所感，俱是如此，再加上女子纤细的心灵，必然会轻约一些，细腻一些。她们诗词中的抒情方式又异常曲折，作为长期被排斥于社会政治权利中心而外的群体，她们似乎更易感受到那种曲折迂回无法言说的情感，就更容易凝结成诗歌，抒发于言辞之间。她们的内容则更容易指向能够给她们带来幸福或者不幸的男子。她们或者描摹脆弱而不平等的爱情，或者诉说自己在爱的苦闷里处于被动或者次等的角色。这种伤感与苦闷并不与社会紧密联系，成为一种千载不变的主题，流转于闺阁女子的笔头。

即便如此，诗词创作依旧是闺阁不可或缺的游戏之一。我们读红楼的时候大段大段的诗词唱和，一次一次的诗社兴复，虽然对于一个情节性的小说而言显得有些枝蔓，但是又有谁读到那里便跳戏出来呢？那一段段诗词，又构建了何其古典的境界，成为叫人爱不释手的一部分。笔者常常被一些乐意读《红楼梦》却对中国古典文化不那么了解的人问到，何为诗社？那是一种什么神秘组织。我也只好很浅近地回答，那是不是一种神秘组织，那是一个定期聚会，和咱们现今的 party，20 世纪 80 年代左近的沙龙差不多。这种组织最早来源于元代，但是在明清时期异常盛行。这是一种轻松的读书组织，后来因为与政治有了盘根错节的关系，比如几复二社足以左右朝廷，那便是士子们的事情了，与闺阁女子无干。但渐渐地，这种结社诗文唱和的习气便蔓延到了闺阁之间。这些女子彼此之间以诗艺论高下，在韵律中间寻找着争奇斗艳的乐趣。这种结社并非《红楼》独有，便是《镜花缘》也不吝笔墨的反复渲染。即便是现实生活中，闺阁女子诗社唱和也是普遍存在的。像清吟诗社这样的以女性为主体的诗社，便多以对诗、唱和为交流的主要手段。这种极大丰富了女子课余生活的诗词会几乎成为很多才女们生活的唯一支柱。她们对待这种游艺的热心程度远远大过很多传统意义上的竞技性游艺。因为这种交流使得她们很可能有机会站在与男子同样的世界里，做着与男子同样的事。即便她们的诗风依旧娇弱，即便她们依旧不能拿此去求得功名事业。她们不再如朱淑真们一样孤独地吟赏自己，把诗词作为一种宣泄的渠道，相反，诗词成为女子们闺阁间交流的一种手段。当然，比不得大观园内天然存在着的那么多才女，零零星星分布于江南的女子们因为诗社而结缘，写诗寄诗，相互唱和，这种在笔尖的张力在女性的世界里点燃了女子的自我意识。

但是，诗是学出来的，无论是自学也好，找一个像林黛玉那样循序渐进的老师传授也罢，很少有人能天生就为诗，在那个时代的女子更是如是。可惜自学成材是个很艰辛的事情，而世上少有林黛玉也是事实。于是我们知道（好吧，其实是笔者很知道）在清代，女子拜男子为师学诗已然成为一种时尚。要知道，古代女子的教育虽则也会调教些文字，但是大多数的还是在于将文化知识与伦理教育结合起来，而且她们学习的主要内容是《女诫》、《列女传》、《女四书》，等等。她们能想到的东西和我们现在小姑娘想到的截然不同。她们的世界是忍让、柔顺、牺牲，不要与外界多接触多交往。能突破这些禁忌，写一些诗词的女子虽然大多是家中便有诗书渊源的，但从父兄辈浸染容易，习得难。而这些女子又大多是生活不幸，或者早称未亡，或者失之贫困。架构在她们的人生中的太多艰辛真的很需要通过诗词咏叹出来，可以获得很好的宣泄。(可以参见香菱学诗的一系列过程，万宝书之《红楼梦》万岁!）这个时候，出现一位或者几位愿意教导女学生的老师（特别是男老师）那是何其必要的事情。

这种时尚是与时人开始对女子写诗的接受开始的。很多大诗人乐意招收女弟子，教给她们写诗之道。下面这样一段话可以叫我们略窥一二："闺阁中，不少亲师取友之辈，若昭华（徐媛昭华）之于西河（毛太史奇龄），素公（吴媛纳）之于定远（冯文学班），采于（张蘩）之于西堂（尤太史侗），若冰（徐媛暎玉）之于松岸（惠文学栋）、沃田（沈征士大成），芷斋（方媛芳佩）之于霁堂（翁国子照）、堇浦（杭侍御世骏），其尤焯著者。"这里提到的毛奇龄、冯班、尤侗等人说起来都是清代文学响当当的人物，能够师从这些大家，即便是男子亦是无限光荣。

而女子能够得到他们的指点，并成就自己的诗词创作，那就相当于去了北京四中。当然，其中招收女学生最著名的人物就是袁枚了。袁枚这个人性情十分圆润。他的性灵说在文学史上占有很重要的地位且不提，只是这种学说对于那些没有经历太多社会磨砺，又没有太多之乎者也典故沉重包袱的女子而言是十分给力的。观照内心世界，讲述闺阁间自己的日子。文学史常常评价这些女诗人写情无所藻饰，急直悲鸣。当然，这些叫人看了有些头大的诗词创作风格，无须读者的您有什么深刻认识，只要能够通过我的介绍看到古代闺阁女子还有这样一个不大为人知道的角落，亦能发觉这项看似游艺的活动正在慢慢地改变着起码一部分女性的生活，我就小满足了。虽然她们也有男女授受不亲的彷徨，也有各种礼教各种不可以的纠葛，但是诗毕竟作为一种也许被父兄们忽略的小游艺，在她们的心灵间涂抹了一丝自在的空气。

那么，在哪里可以报名呢？

请认准随园诗歌培训学校。袁枚校长将为您亲自指点诗歌，即便你们聚会的时候，他并不大可能出现。他出现的时候你也大可不去见他。不要笑哦，这些都是很真实的袁枚老师和他的女学生的事情。像王琼，在女孩子诗人中也算是有一定的知名度了，但是袁枚老师巴巴地跑去见她，她却说，这样太有失礼教了，您还是算了吧。这其实也不大能怪人家小姑娘不尊师重道，主要在于袁枚每次见到自己的女弟子总要表扬一下她们的个人面貌，可能他个人比较坚信美人才能写好诗吧。虽然无论同代还是后代都有人在批评他，但是他确实为女子写诗提供了一条更为宽广更为畅通的道路。况且怪叔叔也没有拉着小萝莉去看金鱼，不过是表扬了三两句而已，并无越轨行为，一个天然爱好美的诗人确然对一切美的东西都会饱含热情地去讴歌，这点来说，袁枚倒也是真性情的人。话说回来，虽然随园老人的女弟子遍布江南，其实他能跑去亲见的并不多，他提高自己女弟子的知名度还是在于他办了一个期刊，名字叫做

《随园诗话》。如果你没有听过这本书，其实倒是很建议您去买来读一读。因为这本书堪称乾隆朝文学圈八卦大全。而且属于随写随刊型，有些有钱无风雅又极爱附庸风雅的人拿着钱跑到袁枚老师面前说，求求你，你在诗话里点评下我写的诗吧。袁枚老师就会很无奈地说，这样很不好，很不好。然后收下钱，写进去。当然，这种个案是少数的，他还是一个挺秉公执法，对待文学很严谨的，可亲可爱的小老头的。于是闺秀们也很热爱他。有些女孩子经常给袁老师投投稿，一旦被录用，那真是天底下第一件开心的事了。像是这样的既有激烈竞争意义，又有参与进很多女子未知的世界意义的游艺，在闺阁中还真的是不多了。好多女弟子也会通过给袁老师写信表达自己想要成为其女弟子的美好愿望。大多时候袁老师是愿意有教无类的。除了看到一些写格调低下的三俗作品，袁老师会公然开骂曰“极粪土之污”外，平时他还是很宽容地对待给他投稿的女弟子，也会时常性地表扬她们两句。虽然也逃脱不了你很漂亮这样的话，但是哪个女子不喜欢有人来欣赏自己的美呢？

有袁老师和他的女弟子们这个时代的存在，女子写诗基本进入了一种全民化的状态之中。用诗歌来表达自己的遭遇，用诗歌来书写人生的杂乱无章，用诗歌来宣泄闺阁苦闷，用诗歌来使牢笼一样的人生逐渐松绑。这些都是其他游艺无法带给女子最现实的东西。也是当男子偶然对这个他们自以为很了解的女性世界偶然一瞥时的惊诧发现。

我想讲一个从前不大为人注意到的诗歌形式——题壁诗。题壁诗这东西在中国民间故事中流传是很广泛的，比如李白来到黄鹤楼，忽然诗情无法遏制，提笔打算赞美一下祖国大好河山，结果就在将要落笔的一刹那，忽然看到崔颢的《黄鹤楼》已经写得好好的在粉墙之上，他也只好一声叹息，投笔不题。题壁诗的功力可见如此。

这里要特地呼吁一下爱在古建或者其他什么名胜上，大笔一挥写某某到此一游的同学们请注意了，题壁是一种很风雅的事情，类似于孙猴撒尿时才会做的事情就尽量不要去做了，反而把自己永远的（或者暂时的）钉在历史的耻辱柱上，一旦你长大了，再去那里，看到自己幼稚的做法，一定是很想把自己打晕了，穿越回去，阻止自己的童年行径。相信我，没错的。

友情提醒结束，我们继续穿回古代。古代的粉墙是诗词的另外一个传播载体。像某个店要是有李白、杜甫、白居易这样的人类路过，那必然是要捧着墨盒跑出来说，求求你，对我们的墙乱涂乱画吧。要是诗人有了那么点雅兴，喝了那么点小酒，才会去满足店家的愿望，签名留念，走人。若干年后开始慨叹，我还活得好好的，这个店就剩下残垣断砖了。或者，这个小店还好好的，我却成了这个倒霉德行的人也大有人在。还有些人写了一首小诗，被其他人看到了，便不断地和来和去的，传为佳话。这些都是题壁诗所提供的各种民间故事的范本。

而我想要说的是女子题壁诗。听了我前述的那样一个繁荣的女子写诗作词的创作时代，您定然已经觉得不是很讶异。只是想说的是，这个时候的诗词已经远远超越了游艺的一般意义，成为一种呼号。比如我下面所要讲的新嘉驿题壁诗。新嘉驿是个什么地方？我并没有亲自去过，但是据说是在山东兖州滋阳县北四十里的那么一个所在。驿站什么的是最容易发生题壁诗的地方，于是大家可能也习惯了去那里围观，有没有新的诗歌啊，这诗是好是坏，是名人的遗草还是小民的民谣，这都会成为一些歇脚文人用以消永夜的最好方式。像王士禛这样的诗坛领袖也有无聊的时候，他北上赶考住在一个店里，发现墙壁上有好些个和诗，便饶有兴趣地读完了这首读那首，最后发现所有和诗都读完了也没有看到原诗所在，他就巴巴地去喊了店家来问，才知道原诗藏在了五六尺高的柴垛后面了。那时候那叫一个天寒地冻，他竟然号召者同行者一起去移开木柴，直到原诗露出来，俩人已经冻得不行了，一个笼着火把读诗，一个用嘴呵开笔开始记录这首好容易翻出来的原诗，真是历尽千辛万苦。这可以看出，当时人为了搜集一枚女子题壁诗是何其的狂热。

大约也就是因为士子们对记录女子题壁诗的这份狂热，所以才保存下了那么多女子题壁诗，像这首新嘉驿的题壁诗，就是如此。这个驿站作为南迁北去的中结点，有无数的文人路过这里，这个会稽女子的题壁诗就耀眼地晃在大小文人的眼睛里。其全文被记录如下，首先还有个小序："余生长会稽，幼攻书史。年方及笄。适于燕客。嗟林下之风至，事腹负之将军。加以河东狮子，日吼数声。今早薄言往诉，逢彼之怒，鞭塞乱下，辱等妇奴婢，余气滋填胸，儿不能起。噢乎！余笼中人耳，死何足惜！但恐委身草莽，湮没无闻，故忍死须臾，候同类睡熟，窃至后亭，以泪和墨，题三诗于壁，并序出处。庶知音读之，悲余生之不辰，则余死且不朽。"作为家暴的典型新闻，她介绍了自己的身世以及发生的事件。作为一个小妾，被长妇鞭打，本来就够可怜的了，而丈夫又是不懂风情的混人，当年写诗手，现为粗使奴，这忽然就叫人想到了嫁出去的贾迎春，倘或不是遭此虐待，也不会早夭至此吧。但多少，这位来自会稽的小姑娘发出了自己呼救的声音，其留下的三首诗更是叫人泫然欲泣：

其一：

银红衫子半蒙尘，一盏孤灯伴此身。

恰似梨花经雨后，可怜零落旧时春。

其二：

终日如同虎豹游，含情默作恨悠悠。

老天生妾非无意，留与风流作话头。

其三：

万种优愁诉与谁？对人强笑背人悲。

此时莫把寻常看，一句诗成千泪垂。

说实话，这样的诗倘若出现在什么某某诗歌选集中，我看到了定要痛斥选者的眼光之差。可是倘或见到了这样的原委，除了觉得胸口喉头的哽咽还有什么呢？

数年之后，这首诗被袁中道看到。这位人士也算得明季著名的诗人了，一般诗歌是不入其目的。他在住宿处看到这首诗，自己说："不觉泫然，尤翼其未死。"还题了和诗。和他一同的是柳如是的老公钱谦益，他居然在自己的《列朝诗集》中开辟一处收录了这位会稽女子的题壁诗。《列朝诗集》那书能收录进去的多是在文学史上璀璨得叫人无法睁开眼睛的大家们，这女子能于此处占一席之地，不知道该说她幸甚至哉还是不幸。

作为一条社会新闻，又被著名诗人大力推荐，马上一石激起千层浪，文人中热血沸腾者有之，写诗唱和者有之，人肉搜索者有之。大家经过不懈的努力，在雄县发现有"银红衫子，古虔李秀书"的字样，这个是否是伪造，尚未确定，不过给一个未知女子一个名字，已然是士子们对这个不幸女子的厚爱。搜索还在进行，踏访的脚步也未停歇。一个更为强大的人确定了这个女子就叫做李秀。他就是高承埏。因为他梦到了这个女子，说自己本姓李。这也太扯了吧。无论如何，这块墙壁不是虚妄的，据说崇祯六年的时候，这块墙壁还在屹立着。当然，当时并没有建立什么博物馆，也没有申遗，也不怕韩国人说李秀是他们国家的人。据说到了崇祯十四年的时候黄周星再去探访的时候，这块墙上的诗已然觅不得。而顺治十四年，也就是十七年以后，好奇者如施闰章再去探访的时候，发现文字皆无。却有幸看到了一位七十几岁的叫做秦登科却一直没有登科看了一辈子驿站的老卒。他依稀记得当年的事情。这位遗老描述了当日的情形，叫踏古文人十分满意。他说："某将军挈家过此，不知其姓名，仆妾甚盛。既早发。失一烛檠。寻觅得之壁间石碣上，始见是诗，盖女子秉烛夜题者也。世传死驿中，当时实未死，或永夜沈吟含凄达旦耳，然岂能久人间哉。"这位老人的口述多少宽慰了一些人的心灵。毕竟这个女子尚未死去，可是熬过了这一日，下一日是否能熬过，多生一日便多一日的煎熬，对于能诗女子的敏感心灵而言，这无疑比死去更加苦痛。而我常常又想，能诗的女子也许更好些是在于她们能用诗来号哭，能写在墙壁上希望有人能叹惋两声，获得一二句的安慰，即使正义来得晚一些，而也许那一声叹惋已经成为了黄土垄头最好的祭奠。

出于保护历史文物的美好愿望，施闰章觉得自己有义务再做点什么流传后世，于是他便作文刻诗于驿站亭中，来永久地纪念这个用诗歌咏叹生命的女子。

诗，是闺阁里发出的最哀婉的声音，也是所有我记录的闺阁游艺中最凄厉的游戏。但是它确确实实带来的是女子心灵的一次宣泄，一次洗涤。即便很多人年轻早逝了，可是女儿们的快乐或者呼号却从没有止歇。

然而，按照一比一的男女比例，我们其实甚少看到女子闺阁里的诗词集。能够叫出响当当名字的女诗人无外乎李清照、朱淑真等人，确然便是这几抹闺阁的胭脂，为诗词的世界里添加了女性的温暖的温度，然则，这标本式陈列叫人不免讶异，才女的传说不在少数，为什么我们只是在男子们的笔记里间或见到她们翩鸿之影，却无迹可寻。

这个问题我个人也思索了很久，直到我又翻开了红宝书——《红楼梦》，才恍然大悟，原来，黛玉焚稿了。

黛玉焚稿是《红楼梦》后四十回中毋庸置疑的最精彩的高潮。至于很多红学家们考证说黛玉是蹈水而死还是如某些导演觉得黛玉应该裸死之类的这些说法，都没有撼动黛玉毁稿的经典地位。虽然我个人与后四十回有着不可调和的矛盾，但是看到那火舌一页页舔着当初大观园里的快乐的时候还是会心悸而痛。把美的东西撕裂给人看，正是如此。是用以表达对宝玉之恨，不复留一丝念想于彼？还是表达对那段美好时光的眷恋，打算带走？更或者是为了反抗封建家长制而产生的自虐行径……

这种种猜测都一如“宝玉你好……”一般，纵使再争论千百年也无甚结果。然而倘若我们是为了考究为何女子诗集存世不多，便可以得出另外一番结论。

那便是礼教在焚稿中扮演了重要的幕后黑手。

把镜头转到女性诗人异常活跃，而存集却并不成为相应比例的清代，也就是《红楼梦》所产生的大环境中。我们会发现，其实焚稿这种行为居然是那么的广泛那么的普遍。即便是没有被焚毁的稿子，其名字也要命名为：《未焚集》（祁德琼）、《玉峰焚余草》（徐氏）、《焚余小草》（钱仲淑）、《焚余草》（刘运福）、《焚余草》（范薇）、《焚余草》（郑遇芬）……这些真实不虚的名字正彰显着女诗人对于自己作品的矛盾心情。

为什么？对于自己辛辛苦苦创作，凝聚了自己无数心血无数快乐的诗篇，为什么要付之一炬？作为一个特别乐意敝帚自珍的笔者十分想不清楚，码字真是很费力的事情啊！更何况是那些发自肺腑的，一读一断肠的诗句。

不禁令人很想咆哮地问，这一切都是为什么？

其实，那便是，闺阁诗词，不是用来传世的，而是，一种游艺。

这一点，其实曹公曾经给过我们答案，在《红楼梦》六十四回里，在说诗倘若被宝玉见了便要引起麻烦。黛玉自己的观点是“只嫌他是不是的给别人看去”。而宝玉就分辩说“岂不知闺阁中诗词字迹是轻易往外传不得的”。最后还是宝钗的一席话切中肯綮：“林妹妹这虑的也是。你既写在扇了上，偶然忘记了，拿在书房里去被相公们看见了，岂有不问是谁做的呢。倘或传扬开了，反为不美。自古道‘女子无才便是德’，总以贞静为主，女工还是第一件。其余诗词，不过是闺中游戏，原可以会，可以不会。咱们这样人家的姑娘，倒不要这些才华的名誉。”这番话语宝黛二人都未曾反驳，虽然也是一些教条性的言语，确实是他们生存的现实。虽然自古就有立言的最高境界，但是这种境界不是闺阁的，而是士子们的。所谓妇之言，那是日常说话的柔顺之言。所谓“外言不入于阃，内言不出于阃”。便是大观园女儿们所要面对的事情了。闺阁之美固然如梦似幻，但是一旦撞击到现实，便泡影一般，剩下的只是零散的叫人断肠的回忆，倒不如付之一炬，质本洁来还洁去。所以闺阁女儿们或者在自己嫁人前，或者是在自己将逝之际，选择焚稿，也是她们的无奈之举。但见泪痕湿，不知心恨谁。

其实不单单是清，唐代，近体诗歌创作伊始，便有了这样焚诗的传统。比如一个不大善写诗的进士孟昌期的老婆，经常代夫执笔，写出不少诗句来。可是有一天，不知道是被什么东西击中了小心肝内的忧愁，觉得自己这样做是十分错误的，“才思非妇人之事”。于是毅然决然地焚毁了自己所有的手稿，从此收山。这个例子本来我是喜欢用做翻然悔过、金盆洗手的例子来劝导那些替人应考的同学们的，但是看到她自觉自愿地说出了“才思非妇人之事”，我也只好一声叹息。但是后来看到这样的女子多了，笔者自己也狠下心来不再为她们叹惋，一如我们会丢弃小时候玩过的布娃娃、小风车，那些玩物丧志的东西，就叫它随风而去吧。即便不随风而去，还有家长们会定期清理掉你的童年。比如朱淑真的父母，在她去世后，就把她的诗稿一火焚之。

从来，女子诗集幸运如李清照者，有几人。

闺阁诗，作为一种游戏，吸引着无数女子去触及，去体验，去吟唱青春，去宣泄寂寞的光阴。一如陪着她们足尖的毽子，掠过她们头顶的风筝，总有一天会从生命中消失不见。我们现在看到留存下来的女子诗稿，绝少是老妪在写诗。也许少年情怀尽是诗，也许女子长大了，便学会了恪守，更也许，写诗的女子绝少长寿，她们敏感的内心触碰到了太多的不公正，不平则鸣，其鸣哀哀。但这一种游戏，却确实凝固了几瓣胭脂的色彩，使得我们能够最直接地接触到不同年代女子的心。

|乃子——虔诚面孔下的游戏|

我曾经问过我的一位男性朋友，什么样的女子最美。他的答案叫我很出乎意料，他说，在孕育中的母亲最美。我很不理解这样一句话，因为女孩子是深恐自己因为怀孕而变胖身材大走形的。

而有一天，我散步在春日暖暖的阳光下，看到一位孕中的母亲挺着圆润的肚子坐在明媚的春光里，她的背后是一朵朵刚刚开放的小野花，映衬着来自一个母亲的偶然间的笑颜，呵护或者温柔，不知道为什么，每个女人在这个的时候真的充斥着一种叫人无法抗拒的美。那种美与情欲无关。

孕育作为女子责任的这种观念虽则到了现代被消解，但是那种无法抗拒的女人的魅力是这个时期显现无疑的。所以，我从来都用崇敬的目光去注目着那些优雅的、乐观的、小心翼翼的母亲们。

于是我们还是要跳回古代。记得一个和我一起发奋读《列女传》的同学有一天和我说，古代那个世界实在是太可怕了。我疑惑地看着她惊吓的样子，问她怎样？她说，那是一个有三分之一女子会死于生育中的社会。当然，她当时在关注的是中国古代社会的才女，所以这个数据应该是指那些有案可查的古代闺阁才女之中。古代人的体质确然不佳，而且生育条件也是很低下的，所以这样的死亡几率也确然能够成立。我个人第一次体验到这种可怕是在读纳兰的集子的时候，在他对妻子的死的刻骨铭心的伤痛之中，因为他的妻子死于难产。这种非自然死亡是残酷的，因为每个人都抱着迎接新生命的喜悦去等待着，盼望着。可是迎来的却是噩耗。这种从珠穆朗玛峰垂直下落到马里亚纳海沟的心情也许用毕生也是无法平息的。可是生育在所难免，死亡——母亲或者婴儿的死亡在所难免。

当然，更何况尚有不孝有三无后为大这样的口号压在古代女子身上，为了生男孩儿而苦苦拼搏一生的女子更是大有人在。这点毋须多言，因为这种观念依旧存活在中国这片古老的大地上，间或一两件新闻还是和它有关。

所以，对待孕这个问题，是要十分严肃的，也是十分郑重的。虽则很多事情是古人搞不清楚的，比如这家连续生男孩儿，而我们家却连续生女孩儿，甚至一个孩儿都生不出来呢？但是他们有自己的解决办法——求神。开枝散叶，子孙绵长这回事儿是自己的也是神仙的，在科学没有发达到 DNA 理论之前这回事儿应该是神仙的。

求神成为求子的必经之路。可惜神仙光顾人间也是有一定的时间和空间的，节日是求子的大好时机。在我看的很多资料里，关于生殖崇拜的活动从远古一直绵延至今，而在节日去搞一些叫神仙和自己都很开心的娱乐活动，也就成为象征意义上的求子活动。所以研究者称游艺来自于巫术。

春天是求子的最好时节，万物复苏，每个人都带着明年会更好的心态踏入新的一年，无论许下什么愿望，无论对自己有什么期许，都要在这个时候表达出来。吃一些什么东西，在家里摆放一些什么东西，咱们且不论，单说说一些能够叫女子们大摇大摆地参与的游戏，说起来也是千变万化随天机，各地不同任我游。

比如兴化春节的时候就会展开轰轰烈烈的偷船桩活动。我不知道是谁想出来这么有才华的求子方式。大约是古代兴化水面占据本地土地资源的三分之一左右的缘故吧，这个盛产郑板桥的水乡，其船来船往跟我们的公交巴士有一拼。不过倘若我们规定某一天，拔掉巴士站牌可以生子，估计公交公司会第一个翻脸。可是兴化却没有问题，只要你别被主人家发现，妇女们，快去卷起袖子，努力地去拔桩子吧。这种偷偷摸摸的行为还不能公开化，这是句废话，可是我一直在想，如果你明知道会给偷，不如大方地请求子的人来拔掉桩子，自己再钉上一根就是了。事实并非如此，据说这种偷盗行为要是被主人知道了，那就求不来子啦！于是想象过完年后的清晨，所有的船都在河面上自己荡漾的情形。笔者深以为这要带来多大的民事纠纷啊。然则，求子最大，就请您原谅则个，这场轰轰烈烈的偷桩子运动估计是那些闺阁少妇们玩得最刺激的游戏了吧。月黑风高夜，偷桩求子天。悄悄地进村，开枪的不要。

偷木桩究竟是个什么原理？后来笔者仔细研究了一下相关资料，才恍然大悟，原来木桩其形似于男性的生殖器。这里不得不说古人的想象力真的是十分十分的丰富。不过说起来，要是求子成功，是要在次年摆河灯，奉还人家三根木桩做贺礼的。这种习俗还扩大到偷拴牛桩、拴马桩之类的，各地因地制宜，蔚为大观。

当然，作为有先导经验的嫂子婶子之类的也会参与这项求子工作，所谓众人拾柴火焰高，一定要把祝福进行到底。说到火来，自然就叫人想起灯，所谓“州官放火，百姓点灯”的典故便切切实实地告诉我们说，灯在古代有着与火密不可分的联系。于是灯便成为薪火相传的象征物，在很多求子习俗中传承了下来。且不说婚礼上怎样的灯要怎样地摆，单说在看花灯这一天。前面我们已经提到了元宵简直就是古代女性的情人节、狂欢节，看灯观灯观出多少佳话那是小说家言的事情了。可是这一天，已为人妇、人母的女子们也要把欢乐进行到底，那就是抢灯山。在一些大庙前搭建起的灯山代表着宗教的祝福与灵验。将之携带回家，悄悄放在新娘子的新房里，再在边上用毛巾做个布娃娃，顺便说几句祝福的话，什么“正月里，正月正，正月十五来送灯”之类的，等到新郎新娘归来，灯不许灭，娃娃则放在桌子上一夜。这些自不待说。我倒是觉得去灯山抢灯这项事业十分有趣，既要在众多蜡烛中挑到燃烧时间长，一夜到天明的，又要悄悄地赶在新娘子和新郎赏灯未归的时候悄悄进行，担当这种责任的嫂子或者大婶们定然有一种神一样的使命感。除了抢灯山偷灯以外，还有很文明的，来到庙里供奉灯前，为神佛布施，然后将自己的名字写在灯上，三日后便会有和尚道人到此府添丁送灯。当然临近水边的地方还有放花灯的习俗，这一天大家都很积极地放，又很积极地在河边捞，传说中捞到白色的会生男孩子，捞到红色的会生女孩子。想象一群少妇在河边拾灯的景象倒也叫人想去加入其中，涟漪微波，点点河灯，莲步款移，诚心祝祷，这是一群将要被称为妈妈的女子，而在那个女子婚龄甚小的年代里这又也许是一群十几岁的孩子。看着女孩儿向女人的转型，那种复杂的神情叫旁观者有时也乐意微笑着对她们宠溺一下吧。

在中国古代，估计做一个问卷调查，女子最爱的日子应该是正月十五吧。因为前面即便讲了那么多娱乐项目，下面我还要讲一个，便以此证明在那个可以放开了欢乐的女子是怎样的忙碌。这个娱乐项目叫做“走百病”。

好些年来，我身边的不同男性都不断被一个问题困扰着，那就是为什么女孩子那么喜欢逛街，一分钱不带，什么都不买也要去逛。我只好义正词严地告诉他们说，逛街是形式，去看美丽的自己才是真正逛街的意义。相比来说古人这一点还是比较悲剧的。她们出门的几率实在是太小了，即便是出去，以小脚之足也定然行而不远，倘或大户人家，更是装进一顶轿子从头至尾只能间或掀开轿帘，偶然一瞥，外面的人是绝对看不到的。这可以参见《红楼梦》里写打醮日钗、黛及三春姊妹们的情形。但是正月十五这一天便不同了，这一天的神奇在于女子们可以在这个来去如风的日子里真正地走出家门。大家花枝招展地打扮着自己，戴上最新款首饰，穿上白色的衣服，可以想象那种清水出芙蓉，却熠熠生辉的情形了吧。《金瓶梅》第二十四回说："潘金莲、孟玉楼、宋蕙莲三个女人，带领着一簇男女，上街走百病儿，月色之下，恍若仙娥，都是白绫袄儿，遍地金比甲，头上珠翠堆满，粉面朱唇。陈经济和来兴儿左右一边一个，燃放烟火花炮，与众妇人瞧。潘金莲一行出的大街市上，但见香尘不断，游人如蚁，花炮轰雷，灯光杂彩，箫鼓声喧，十分热。人们见二队纱灯引导，一簇男女过，皆披红垂绿，以为出于公侯之家，闹来莫敢仰视，都躲路而行。"感谢这位迄今依旧是个神秘存在的兰陵笑笑生，他真实地保存下了明那个年代里走百病的真实情形，也使得读至此的您能扑面感觉到那份热闹。

满街忽然充斥着女子的季节里，请容许我恶趣味的疑惑坐在书本对面的你会认为这是男子最盼望的节日吧？但是这些女子中的大部分会为了一个目的前进前进前进进，那便是，求子。真是打击性的围观啊。"他人妇"，是这支队伍的主力军。您一定会指着"走百病"这三个字对我说，这个项目听起来好像和生育关系不大，但是放在女子身上，最大的疾病便是不能孕育后代吧。所以走是一定要走的，不孕祈孕，而有孕的，就祈求男孩儿或者求开枝散叶，子孙兴隆吧。所以这百病一走，就是一辈子。

光走还是不够的，在走的过程中，还要做若干项宣称"百病啊百病，你快快远离我"的运动。比如扔铜钱——好事情呀好事情；抛砖块——躲远点呀躲远点；扔旧衣——呃，这一路上岂不是满街都是花花绿绿，实在浪费啊；摔瓦罐——走在路上千万别害怕，想想幸好那时候没有汽车防盗报警器，不然那声音估计是此起彼伏；就地打滚——俺实在无话可说……这些的一切基本上就是为了一个目标，让病魔远远地被打发走，无论是金钱利诱还是恫吓吓唬。这仅仅是“走百病”的开头。

剩下的部分就是走路了呗。作者很菲薄地去揣测着作为读者您的心理，所以作者只好替古人说一句，姐走的不是路，是桥。这桥绝对不是随便的什么桥的可以，或者说也许在这个习俗之初是可以走随便的桥的，但是逐渐地，这种走就成为有寓意的象征。一般来说要根据各个城市不同来规定走什么桥。在江南一带，由于水面茂盛，河道交织，所以一走是要三座桥的，于是这一天又叫做走三桥。比如在如皋，要走的是文德、武定、集贤桥；而在上海，则要走的是小东门益庆桥、天官牌坊长生桥，以及邑庙如意桥。而在有些地方，比如吴川县，这一天又被看做是“桥梁节”，在那个四季无冬的所在，要有花朵装扮一座固定的桥出来，但是比较特别的是这桥分男桥、女桥以及男女同乐的鸳鸯桥。真是各地风俗不同呀！而且要孕育宝宝的女子们还要去桥上把花采摘下来，一般认为白色的还是会生男孩子，红色的还是会生女孩子，和捞河灯的规矩一样。

到处都是充满了寓意和神秘象征的节日，女子们是否会觉得压力很大？绝对不是，因为我读到这样一首诗：“细娘吩咐后庭鸡，不到天明莫浪啼。走遍三桥灯已落，却嫌罗袜污春泥。”显然这是一个希望时间留住的女孩子的形态。这足以明证走百病的好玩之处。烟花、花灯、粼粼水波、皎皎皓月、娇娆的面庞、素白的衣裳、羞涩的祈愿、虔诚的祝祷……这一切把元宵的夜晚装扮得越发迷人。一种很神秘的期盼也许从走过三座桥开始，热闹和娴静淑女之间彼此渲染的世界美好得打破了某些禁锢，于是也分外值得叫人期盼吧。

其实我听说“走三桥”这个习俗的时候会想到很现实的问题，万一这个城市没有那么多水面怎么办？万一一座桥距离另一座桥很远怎么办？后来我在资料堆里发现，原来这个习俗也悄悄地改良过，变种过。那就是，一变而为走城门。城门对于我们现代人来说是个很陌生的所在，虽则有时候我们抱着瞻仰的心情去仰望一下残留下来的城楼，但是它们早已丧失了保卫一座城市的意义。如果说月夜走桥是因为桥将此岸和彼岸相通，在这样一个太阴之夜可以送来彼岸的胎气，那么城头登高则是一种与月，这个掌握孕育之神的沟通吧。当然了，在城头走百病还有另外一项运动，那就是摸门钉。这种活动上至王公贵族下至平民百姓都要去做，据说在北京城内至今还有这样的习俗，但是更多的是假如在导游词里，出现在旅游者去故宫瞻仰的任何时刻。摸门钉讲究的是在暗夜中，黑暗一片，一摸即中门钉。因为钉与丁谐音，取的是添丁进口之意。在城门洞的黑暗里，会有多少喜悦多少忧愁，这是不为人知的。笔者在故宫里游荡的时候看着那些硕大的门钉，忽然觉得肃然起敬起来，这里蕴含了多少母亲对于哺育下一代的想往，又因之发生了多少人间悲喜剧，又有谁能知道呢。

因为登城头，所以带动了相关的商业链的活跃这自不足为奇。可是作为一个时常性出不得门的女性而言，看到这么多可爱的东西，我相信，城头的那种吸引远远没有这些五花八门的小东西叫人徘徊不前。虽则你不需要，但是摆在地摊上便是宝。以南京为例吧。《金陵琐志·炳烛里谈》里说：“正月十六日，以棘刺穿玉黍作假花，执以上城，谓之走百病。”玉黍为多子实的植物了，女孩子拿着它登城，祈求能够添子，这个必须买。可是下面又有一行注释的小字说：“今则此风惟聚宝门为盛，但有箫鼓而无爆竹，兼有陈洋画与游人观者。又煮豆染绛，焙蜀黍令绽，缀诸棘刺，以为梅枝，抑或以饴吹作榴实缀其上，沿道而卖，游人必购一枝而归。”这也太有爱了吧，有洋画，有人工梅枝，糖作石榴，如是等等，都吸引着闺秀们的眼球，这个我喜欢，那个我也想要。想必回府之际沉甸甸的可以一年赏玩不休，回忆美好时光了。不过还要说的是，所谓红梅也好，石榴也罢，多是结子很多的模范性植物，而且梅花又有老树发新芽寓意，便是寄托了更多老年人的心愿吧。

一切热闹终将结束，一如正月十六的太阳照常升起，年过完，节过了，女子依旧在闺阁中过着属于自己或怡然自得或单调平庸或钩心斗角的日子。她们不在江湖漂，但是却上演着江湖的故事。为了一个共同的目标共同奋斗着——孕。

有一天，我和你提起三月三来，会是怎样的一个观感呢？一定想起了那个萍踪不定，珍本无迹的《兰亭集序》吧。名士风流，雅士乐集已然成为中国文人心目中对于盛会的向往。可惜，那一天本来的主打品牌应该是——求嗣。唉，失望了吧？不过你如果隐约记得老杜曾经说过："三月三日天气新，长安水边多丽人"的话，就会恍然大悟了吧。

这一次的求嗣与其他时间段不同，没有太隆重的典礼，也没有太过喧嚣的狂欢，而是一种来自自然的召唤。因为，春天真正的来了，万物复苏，绿色逐渐染遍了世界，一切都是新鲜活泼美丽的。这个春游季的开始，便会在水边出现一双双青年男女，把臂同游，将爱情的浪漫尽情到底。在《诗经》上对上巳日的记载很多，毛诗正义更是有这样的释文："男女感春气并出，托采芳香之草，而为淫泆之行。"早在先秦那个年代里，男女相欢，采取野合的方式在郊外求孕也是一种不会造成任何门的事件。并非先民有多开放，而是那时候的仪礼并没有对于这方面有太多的约束。所谓"男则朱服耀路，女则锦绮烁烂"，仿佛雄鸟对雌鸟的求偶一样，这是一种最本真的吸引。而"以香薰草药沐浴"则是一种激发情欲，促进交合的方法，这是先民对于繁育下一代做出的贡献，而以古人的道德标准，或者放置今天都是很黄很三俗的事情了。失却先民的纯真，不知道是一种进步还是悲哀。

《周礼·春官·女巫》上说："女巫掌岁时，祓除衅浴。"这据说是女子本年度的第一次沐浴，也有人说是第一次香薰沐浴，用以防蚊虫叮咬，这说法就和我们端午节要插香蒲艾蒿是一个道理。但实际上是要用这些草药来洗涤身上的疾病。又因为这一天是万物生长之初，用以求人之初，而洗去所有疾病，那是最好不过的事情了。有人认为这种沐浴之所以一定要是一种户外活动，也是与河中戏水，接近鱼类有关。鱼是一种多子的动物，倘若一不小心成了神仙，可以赐给你一个儿子，便是女子之福了。因之在河水中沐浴可以娱乐神仙，接近神仙，或者自己可以 cos 神仙，变成一个多产的母亲。虽然这种想法很荒谬，但是作为一种习俗却是很有趣的。相当于一次大规模的沙滩浴，年轻的身体在春日的河水里散发出生命的美来。同时岸上的人们还会朝水里投一些白煮鸡蛋、红枣之类的，并不是怕长期游泳体力不支，而是希望女子吃了这些很有象征意义的东西会早日喜得贵子。像后汉的杜笃、南朝的萧子范都有这样的好运，可以边喝酒边看着欢乐的一刻，写下"浮枣绛水，酹酒浓川"、"踊跃赪鱼出，参差绛枣浮"这样的句子。那一颗颗带着喜洋洋气氛的红枣漂浮在在水污染还不知何物的水面，真是件美好的事情呀。

但是这种行为必然会为"沾衣裸袖，便为失节"这样日益束缚女性自由的礼教所排斥，这样一个节日也逐渐被踏春、举行歌会、戴柳圈等活动取代了。当然，靠近水这样一个基本没有变，因水感孕大的指导理念也没有变，于是不能再跳到水中去洗澡的女子们也许走到水边去洗洗手、洗洗脸、洗洗脚（最后一个不是作者胡说，在云南确实有部分地区在上巳日过洗脚节），而这些倘若亦会被人觉得轻浮，那么可以去有传说的古井或者水池里去捞石头，比如四川横县的玉华池、华源观的井都可以成为打捞的好地方，一般来说倘若捞到的是石头，则会生男孩儿，倘若捞到的是瓦片，则会生女孩儿。个人对于井水里捞到瓦片这回事儿表示郁闷，这也太不符合建筑垃圾处理方案了。估计盖庙建房那点没用途的瓦片全扔这里了。不过倘或你捞到了钧瓷，千万不要问我会生男女，恭喜你，你发达了。

另外还有一种传说是在这一天，夫妇二人要煮一个大南瓜，然后统统吃光。我左思右想也想不清楚这样的类似于大胃王的游戏是否以撑死二人为限，但是后来一个民俗专家给我讲了某生殖器和某生物的相似性，讲了瓜本多子的典故后，我只是觉得这种活动也许徒增了夫妻共度难关的忧患意识吧。南瓜毕竟是好大的一个东西。咳咳。

不过说起来吃瓜、摸瓜这种类似的活动并不单单是上巳节，部分地区还会在中秋节，妇女们乘着皎洁的月色里去偷瓜，后来也不见得一定要偷回来，去摸摸，也会变成受孕的前兆，这种大规模潜入瓜地的行为虽则为笔者不为，但是在清冷的秋色中去瓜地的情景总是叫人小兴奋的。正所谓凉风有信，秋月无边。

是的，无论是否能够祈求到生子，偷木桩请神灯，走百病登城楼，洗澡捞石头踏春唱歌，这些活动都必然会成为女子难得的记忆，在一生中都会留下许多美好的回忆。当然，这一切都建立在女子被禁锢被牢笼住的基础之上，当一切成为禁忌，偶尔难得的哪怕是出外走走也会使得笑颜暂开，如花美眷，似水流年，一生难得的幸福也许只是几次次的求子活动中，带着虔诚的祝祷转瞬即逝。

当那些古老的，禁锢的，甚至带有各种寓意的节日活动成为一种形式，今人是否能在其中重新体验到那种人类与大自然神秘的沟通呢？会否体验到古人那种在隆重节日里的小快乐，会否重拾古典的小浪漫，这一切都未可知。我只知道过着外国人的万圣节圣诞节，期盼着南瓜灯圣诞老人的日子过得叫我总感到缺失掉了什么。

是的，我的信仰里尚不具备和基督耶稣保持通话的媒介。

一朝选在君王侧

女子千千万，但是君王侧的女子有几人？君王侧而专宠的女子有几人？君王侧而专宠，在清史上留下若干字迹的女子有几人？更有一类女子，天生便注定是伟大帝国的占有者之一，那镶了金色花边的闺阁，美么？

这是最后一站，请站在我的身后，等我开启这扇神秘的大门，前方有太多神奇、夸张、吃惊等待着呢！

暖风吹进皇宫，那高墙森严之内最顶级的游戏是什么？妃嫔之间怎样的你争我夺，小公主对于皇宫内院还有怎样的记忆？在史书与笔记间爬梳的笔者将化身资深狗仔带来超越时空的报道。

有一种游戏叫做看着简单，有一种玩乐叫做生命危险，有一种笑声叫做曾经拥有，在失落的文明中，我们有幸在字里行间复活着它们，在闺阁的春风后，我们庆幸，因为她们是天之骄女，皇之贵胄，所以吝啬的史笔肯稍稍给了我们那样给力的描述，叫我们再次见到描龙绣凤背后的诱惑。

是的，那曾经是世界最时尚的娱乐，却早已被搁置在遗忘的角落。时尚、历史，谁说得清楚呢？

来自周礼的笑意——投壶，禁忌与娱乐

投壶，是一种叫人听说就很高山仰止的游艺。这种游艺来源很古老。和其他的游艺比较而言，它应该是最没有传说的一种游艺了。几乎被很确凿的记载，也被很神圣地放在圣殿里的射仪已经成为了一种象征，留存在我们的文化世界里。当然，在神圣的世界里本来是没有女性的参与的，可是逐渐地，大家透过它神秘的面纱看到它活泼泼的一面，女性才逐渐地与这种国之重戏挂上钩。

则，投壶究竟是什么？

郑玄说："投壶，射之细也。"意思就是，投壶是小型的射。射估计大家都听说过，因为我们在高中的时候曾无数次被拷问过，六艺是什么？答曰：礼、乐、射、御、书、数。这个射便是其中之一了。仔细观察这六艺，我们发现它包含了很多东西，体能上、智力上、人文科学、自然科学……这些方面都有要求，要把人锻炼成为一个德、智、体、美、劳全面发展的四有新人。其中的张弓射箭，可以说对于古代人来说是吃饭和防御问题。倘或在射方面薄弱，那么恐怕要被猛兽吃掉，或者饿肚子吧。这种人类生存的原始技能到了人类文明建立起社会后，逐渐地变成了一种有着更深刻寓意的东西，后来被称为，射礼。

射礼其实也是中华文明的一个重要组成部分，它强烈地代表了中国人的精神面貌，说了这么久，我要开始说一下射礼究竟怎么就那么神乎其神地把中国精神给代表了。

这要从一本书说起，它的名字叫做《礼记》。它曾经谆谆教导我们说："射者，仁之道也。射求正诸己，己正而后发。发而不中，则不怨胜己者，反求诸己而已矣。孔子曰，君子无所争，必也射乎。揖让而升，下而饮，其争也君子。"这段话是说，射箭是一种求仁得仁的游戏，另外一个意思是说，这是一种唯心主义的游戏，你射的不是箭，而是你的心。你要是心不正了，那就会射歪了，你要是今天射箭射歪了，你就要回家自己琢磨琢磨我最近是不是和我所遵行的道越来越远了呢？不要去埋怨说我对手怎样怎样。而孔子后来又补了一句说，想要做君子么？来射吧，这是一种即便是相争也很君子的激烈运动。总之，这种运动的核心就是儒家思想的内核：仁。如果说西方文明的运动呐喊口号是"展现体魄之美"的话，那么东方文明的这种运动口号就是"精神之美在体魄上盛开"。这其实没有谁对谁错的问题，而是两种不同文明的不同思维所产生的不同竞争理念。这使得射这种本来很欢乐的游戏面上蒙上了一层肃穆庄重的面纱。

这种内敛的游戏被蜗居化了以后，就成为小型版的投壶。投壶这种游戏说起来很简单，就是把矢（无头的箭）咻一下扔进小罐子里，不过倘或你真的这样想这样做了，那恭喜你，一旦穿越回古代，你会成为士大夫们眼中的极端另类，轻则嗤笑你的无知，重责也许要启奏皇帝陛下，拉出去砍头。我们来看看古人是怎样投壶的吧。

首先，就是矢啦。这是所投之物。它又被称为"筹"。据《礼记·

投壶》记载：“矢以柘若棘，毋去其皮。”就是说矢是用柘木或棘木制成，制矢的时候不要剥去树皮，这是为了让矢“坚且重”。这样的矢可以说是基本很原生态的，只要打磨一下不让刺扎到手就可以了。根据投壶处所的不同，矢有二尺、二尺八寸、三尺六寸三种。大约和我们的格尺什么的差不多吧。

其次，我们要介绍的是投壶的这个壶。所谓众矢之的就是它了，好好地站在那里被攻击，想想命运也是很悲惨的。它之所以叫做壶，其实是来自于酒壶。也就是说，投壶其实最开始是很随性的游戏，大家喝喝酒，然后把酒壶空出来，又随便折了一些树枝，朝里面扔一扔，算是一种酒后的娱兴节目。可是，作为礼仪，这个壶可不是随便的什么壶都可以的，《礼记·投壶》记载：“壶颈修七寸，腹修五寸，口颈二寸半，容斗五升，壶中实小豆焉，为其矢之跃而出也。”高矮胖瘦都有一定的尺寸，而且想得十分周到，连里面放什么都安排得一清二楚。但是随着时代的发展，在大体（颈、腹、口颈）数值不变的情况下，还为投壶增加了两个耳。这耳是中空的，表示矢同时可以射入这耳之中，倘或三个耳俱被射中，则又更显技艺高超了。当然，到了清代的时候还出土了除了颈口有耳外，腹部亦有二耳的怪异型射壶。其颈部刻有“礼让堂置”的字样，看起来估计是安置在庙堂之处的一种装饰品了。而里面塞豆子这回事儿到了汉代就已经被打破。汉武帝时期的投壶高手郭舍人就以竹为矢，投进去，又反弹回来，投进去，又反弹回来，连续百次，百投百返，这技艺当然令人大为赞叹，所以汉武帝赏了他。可是有一点就是，其实他已经破坏了投壶对于礼的要求，以花样来争胜，这已经不是投壶所要表达的内涵了。

按说矢也有了，壶也有了，应该设备齐全，运动员们上场，但是不要急，如果你要招待一些人玩投壶的话，还要准备裁判员的东西。这东西一个叫做“筭”（其实就是“算”的古字），一个叫做“中”，还有一个东西叫做“马”。怎么样，一定很晕吧，不着急，我来慢慢讲。这些奇怪的东西都是用来记数的。“筭”呢，是个木板，长是一尺二寸。是用来统计投中数量的。“中”呢是用来乘纳“筭”的。这个中的形制有伏兕的，也有伏鹿。一般来说，大夫用伏兕，士用伏鹿的。这是典型的尊卑长幼之序，等级森严，不可逾越。由于投壶要三番而止，所以“马”是作为胜筭而存在的，这一轮赢了，则立在赢了的人面前，最后胜者要接受庆贺。

这些就够了么？真的够了么？还不够。还要准备：酒杯——觞、乐器——瑟、鼙、鼓。以及若干人类。酒杯，自然是用来喝酒用的，怎么说也是酒席宴间的游戏，一定要以酒助兴。而乐器出现大家就要注意了，在穿越时期一定不要想象乐器的出现就是狂欢的开始，随便 KK 歌什么的，轻松一下。其实，乐器大多出现在十分庄严肃穆的场合，而且奏乐也是有规矩有等级分化的。比如同样的投壶，“天子以《驺虞》为节，诸侯以《狸首》为节，卿大夫以《采蘋》为节，士以《采蘩》为节”，这些都是《诗经》中的篇章，倘或用错了，那便惨啦！所以孔子一直劝告他的学生们要学好《诗经》是甚为正确的。只不过随着时间的发展，到了贾政对贾宝玉说《诗》什么的先放放，还是要把《四书》弄弄好的时候，诗乐的功效已经大大减退，乐府已经承担起了这个功能，所以再读《诗经》也只能读出“所谓伊人，在水一方”的缠绵悱恻来，不读也罢。

下面我们要重点说说这若干人类的事情。投壶不是说随便几个人凑在一起就可以玩的。它要求有宾、主——这些还不过分，还有司射——主持投壶礼的人，一般是主人的属吏（这就是说，你要是没有个属吏，也甭想投壶了，就随便找个篮筐投投篮算了），司正——就是帮忙立马的人，一般是张罗这次宴会迎宾的相，也是主人的属吏。使者——执事之人，属于打杂的。然后呢，是弦者——这个很好理解，就是乐工们。

笔者挠头说，这个阵仗是越来越大了。可是还没有完，还有，大师。大师是用来做什么的？当然和民国意义上还有今天意义上的大师都是不同的，他们是乐工的首领，负责协调音律的。估计相当于一个指挥。然后呢，还有童子，他们是负责来观礼的未成年人，还有冠士立者，他们是负责来观礼的成年人，这些人都是来围观的，很累，很无奈。还有一个种类的人，那便是酌者，说白了，就是倒酒的人，千万不要小看了这人，以为不过是个侍者之类，其实他是在此次投壶中胜利一方的子弟。

如此恢弘的场景摆出来，想象这种游艺便变得不那么轻松了吧。当主人打算射壶的时候，他要亲自捧着矢，他的使者捧着壶，司射捧着中。首先主人会走出来说话，说的话，教科书上也有，要说："某有枉矢、哨壶，请以乐宾。"——《礼记·投壶》。就是说，我有一些破烂的东西希望能和您共同娱乐呀。可是在座的诸位都娱乐不起来吧，要正襟危坐地说，不要吧不要吧，如此推让两次，表示我并不是到您家来玩的。而第三次就要说"敢不敬从"。然后宾要行两拜之礼，拜了以后接过主人手里的矢，主人把属于自己的矢递给使者，自己也跟他拜拜，两个人折腾完了以后再往投壶之筵而去了。两个人面南坐好，等待人布置壶、中等物品，壶是距离宾主作为两矢半的地方。而矢的长短要和空间有关系。空间的大小要和天气有关系，这点《礼记》都想得很周到。《礼记·正义》上解释道："日中则于室，日晚则于堂，太晚则于庭，是各随光明处也。矢有长短，亦随地广狭。"司射设壶完毕，再回去从使者那里取来中，这时，他就是裁判了。这个时候音乐响起，庄严肃穆——古代礼仪是一定要配乐的，"礼非乐不行，乐非礼不举"。

比赛正式开始，看着你身前地下的矢，一定很想把它们都扔进去算了吧。这是不可以的。我们中华礼仪之邦，讲究的是礼让有度，要和主人次序而投。这一次投不进去，没关系，不能表现出伤心来，回去排队，下次投进去了，也不要太开心，要知道人生无常，在小小的游戏中领悟了大量的人生哲理，这才是射壶的真正意义所在。投矢的时候一定要坐笔挺了，要端正坐姿，要使得自己有一个美好的形态呈现于所有观礼人的面前。一局结束以后，就该司射忙活了，他绝对不会马上显示谁得了多少分，他要以两支为一纯，用右手从地上将筭拾起再放入左手，这个动作很缓慢很优雅，让大家都能看清他没有舞弊之心。满十纯则将其竖放于面前地上，每十纯都相互隔开，剩下不满十纯的横放在下面，如果剩下一筭则称为奇，竖放于余纯下面。接着就拿着胜方多出的纯数宣布说“某贤于某若干纯”。如果筭有奇数就把奇数说出来，如果双方得筭相同就说宾主均等。

定了输赢之后，赢的一方要派自己的子弟为输的一方洗觯、升酌，输的一方就要跪着捧酒杯说“承蒙赐欢”，赢的一方自然不能表示出爷就是要灌你的豪迈态度，而是说“请静养贵体”。这种印在烟盒上的“吸烟有害健康”当然是场面话，但是代表着中国的一种胜不骄败不馁的文化传统，当然也是酒文化一个很重要的内涵就是宾主尽兴，而不是拼出个千杯不醉来。

最后的最后，三局结束，赢的一方要亲自给输的酌酒，司射命使者撤去投壶的所有器具，这一切的一切才算是最终结束。

这就是礼仪之邦原有的状态，你嫌弃它虚伪也好，麻烦也好，但是它为中国人设置了一个道德基准，怎样做是仁，怎样做是不仁。谦虚、尊重、谨慎、淡然是投壶所要讲述的中国人的品德，只不过将它具象了出来，变成了一种繁琐无聊的游戏，教科书一样地伫立在那里，像有投篮爱好的年轻人说再见，投壶是属于政治的，属于精神层面的，属于一种成长。所以它也经常会在成年人的加冠仪式上出现，代表着一种礼的传输。

但是渐渐地，这种有着太多麻烦的外在的游戏，其核心是有趣而吸引人的。秦汉以降，投壶便成为上到皇帝本人，下到士大夫都很喜闻乐见的游戏之一。不但是儒学雅士，便是武将们也对投壶有着深刻的兴趣。像袁绍起兵，以邺为大本营，可是没想到那里却被叛将和贼寇围困，这种事不宜迟火烧眉毛的事情一旦发生自然的连锁结果就是诸将带领大家打回去。可是袁绍此时还在不慌不忙地投壶，投完了以后再部署兵力。也许有人会觉得这种游戏太令人痴迷，可是个人却觉得这是因为这个游戏很容易启发人思考。它要求正己而后出发，这是袁绍之所以要稍事整顿的原因。只有从容的态度才能率领出一支坚定的军队，而不是带着一群慌乱、匆忙、惊慌失措的兵去打群架。但是有时候投壶还是很耽误事儿的，倘或你不想悟到什么而是单纯地当一场投篮比赛来看。比如南北朝时候齐武帝的竟陵王上朝迟到，仔细一打听，竟陵王委屈地说，我是很早出发的，但是，中途看到人家投壶，看惊呆了，于是一直呆到现在，终于迟到了。喜剧的是齐武帝没有责怪儿子，而是把那个投壶高手叫来，爷俩一起观看。这个时候，投壶已经不再是一种礼仪，而是一种真真正正飞入帝王家的娱乐活动了。

作为娱乐活动，女子便会加入其中，成为其中的一员，这是不再被政治限制的。而且其礼教意味的浓烈，也正能作为一种女教而对女子进行教育。所以魏晋时期便出现了一些女子投壶高手，比如西晋大富豪石崇家的一个女艺人，居然能够隔屏投壶，这样的技巧足令人大呼神乎其技。但是我个人揣测，这应该是和投壶精准的摆放位置有关系，只要把这个距离练习熟练了，便也就不是什么神仙下凡了。

投壶的精准性自然叫人惊叹，但女子投壶的妖娆之态也是在如此严苛的礼制中所少见的，她们即便是投不中，但是样子已经甚为可爱，所谓“玉女投壶，天为之笑”便是这样一个典故。那屡投不中的玉女可爱的样子连严肃的苍天也忍俊不禁了，这已经超越了投壶本身，而是一种对美的接纳。李白诗中所写“帝前头胡多于女，三峙三笑开电光”，似乎是从这个典故生发而来。当年东王公——就是和西王母相对的东华帝君，和玉女投壶，东王公为之大笑，开口流光，就是闪电乱响，这种大手笔也只有李白才写的出来。

作为帝王，他们可以捧着美酒，看着窈窕的宫女们投壶玩耍，自是一番情趣，而关于投壶的诗歌在宫女中的大规模吟唱，也正说明了这种游戏在宫内的喜闻乐见与脍炙人口。“夜相思，投壶不停箭，忆欢做娇时”，这样刻骨的相思铭刻在投壶中，女子投壶时的娇媚叫人不免遐想。而欢郎与之在游戏中产生的美好情愫也许每当看到投壶的时候便会浮现在脑海中吧。

像另外这首诗叫人听出了更多别样的味道：“彤阁钟鸣碧鹭飞，皇君催熨紫霞衣。丹房玉女心慵甚，贪看投壶不肯归。”投壶的吸引力是如此之大么？连皇帝的旨意都不会即刻去完成。可是倘或我们用写景的方式来读这首诗，又会看到晚霞中贪看投壶的可不只是小女子一人，还有那要西去的红日，它看着投壶，竟然不忍归去，一个昼长的夏天，便在投壶的欢乐中渐渐进入黄昏了吧。投壶的美丽不再是士大夫的中规中矩，而是小女子的执著。这样的执著，也许偏巧就在爱情之内。孔子说，正己，似乎对于爱恋中的情人来说也是一项很好的忠告吧。可惜，贪欢的她们贪恋的可是投壶时的欢乐，而老夫子嘛，请休息吧。

北斗西风吹白榆，穆公相笑夜投壶。

花前玉女来相问，赌得青龙许赎无。

古代士大夫们总是喜欢把投壶记录在诗句当中，于是诵读的时候不免叫人有着很多猜测。这样一首诗，倘或作者没有告诉你他写的是《宫词》的话，你断然想不到穆公就是指代皇帝大人的吧。这个胆大的小宫女看到皇帝晚上在投壶，于是跑过去问，我能跟您一起玩吗？这个条件已然是一个很逾矩的要求了吧，她继而还和皇帝陛下打了个赌——“赌得青龙许赎无”。这是个什么赌注？要什么呢？聪明的陛下自然明白，倘或赢了这一局，便要放小宫女回家。这样归心似箭的女孩儿用投壶来赌自己的人生，投壶，也许在她生命中占了很重要的位置。又或者她就是投壶高手，这样一个时机不抓住更待何时。

不知从何时起，投壶成了女子生命中一种如此重要的游戏。后蜀的花蕊夫人也是个中高手："樗蒲冷淡学投壶，箭倚腰身约画图。尽对君王称妙手，一人来射一人输。"这种消磨尽所有时光，等待年华蹉跎的游戏虽然叫人感慨，但是在玩乐的时候却是如此的开心，倘或佐以美酒，那大概更为美妙吧。在醉眼迷离中去寻找唯一生存的出路，并不是最终能找到的，便成为赢家，而是一贯能找到的，才是胜利者。投壶的乐趣就在于此，它从不以一次的成败定输赢，它是坚硬而踏实的，它有着那么完备的体系在，只要你掌握了规律，就会通过努力而获得成功。可是世事却并非如此吧。后蜀倾覆，完卵难存，只是一个弱女子，凭借美貌与聪慧游走在政治的刀刃上，最终还是没有逃脱被一箭射杀的下场。没有人为她报仇，因为爱她的那个人早就不在。

投壶，这种庄严肃穆的游戏，随着时代的推移而递降着它的等级。曾经是皇宫里那样神秘的一种，曾经是鼓乐鸣响中那样雄踞的一个，到了明代，却已经沦为妓女手中的玩物。其实我们也不得不说，明代的妓女在一定程度上与雅士儒生们交往，其素质还是很高的，她们对投壶的爱，大多数来源于她们交往的男人们的附庸风雅。因为，投壶已经经历了它的辉煌，渐渐地，它已经快要成为历史博物馆中的一员了。到了清代，它已经分裂成为两种游戏，一种是属于政治的，礼教的，投壶礼，会出现在男子或者女子的成人礼上。而另外一种则成为一种观赏性的杂技，很多是女子进行表演的，有着很多特定的高难度的动作，像"朝天一柱香"、"苏秦背剑"、"姜太公钓鱼"、"张果老倒骑驴"、"乌龙摆尾"、"鹞子翻身"、"流星赶月"、"富贵不断头"等，这些都是把投壶与身形结合起来，再加上女子纤细的腰肢，优美的动作，使人大为叹服。可惜，美则美矣，失落了的文明，却永远失去。

现今，投壶几乎成为一种传说，虽然有很多汉服复兴者的提倡，但是它古老呆板的形式与困难的技术要求使得在任何场合的聚会中都很难再现它的身影。它将永远地随着汉唐高风、魏晋遗骨而去了么？倘或有一天，我们在酒席宴间不是五十、十五的划拳，而是玩一场简易的投壶游戏又是怎样的情形呢？过去的也许最终会过去，死僵尸复活起来也许很可怕，但是倘或有人能生骨肉，活灵魂呢？倘或我们可以在投壶的时候重新思考一些古人思考过或者没有思考的东西呢？更或者，即便投壶死去了，但是它身上承载的那些需要我们恪守，需要我们继承的品德又一次在我们的身上复苏了，那也便是一种，时尚吧。

历史没有假设，我们假设一下未来，其实也挺好。

我们自己的服饰死去了，我们的茶道、棋道、各种道被岛国人民继承了，我们的语言偏离我们五千年前使用的语言越来越远了。我们不会写诗了，我们写出来的都是梨花体。我们开始提笔忘字了，更不认得几个古人用毛笔写出的“繁体字”。我们接受着西方的文明，吸吮着科技的光芒，但是我们却逐渐找不到自己了。究竟哪一个才是我民族？我们距离西方越来越近，我们距离自己越来越远。是否应该寻找自己的根，是否应该站在投壶面前来正一下己？

似乎有一天，投壶告诉我们说，有些游戏是拿来娱乐的，而有些游戏却被钉在礼教的柱子上，变成了仪式。如果你复活了它，那么，请连它的精神一并接纳。

唐、宋的诱惑（上）——打得双陆，下得象棋

常常见到很多故事的结局，大约是从此某民女与皇帝陛下一同回宫，从此过上了幸福的生活。这样的王子与灰姑娘的叫人欢欣鼓舞的大团圆结局，自然使得在荧屏前受尽分分合合折磨的观众们有一种如释重负之感。然而后来很多宫斗类电视剧告诉我们说，入宫，乃是下一场战役的开始。

当然，历史并没有那么多美丽的神话，作为甄选标准，家世背景、个人面貌，等等，都成为重点考察对象，至于和皇帝陛下有无暧昧关系，则基本不在甄选的考核之列，当然个别如玉环杨妃，则天武后这样重量级的人物占据了帝王小小的爱情空间，带来了整个男性帝国大大的悲剧，这自然成为各位登基执政者的前车之鉴。但是作为待选入宫的诸位女子，又有谁不想有这样的运气，能够脱颖而出呢？除了无法选择的出身，剩下的便是一番美与智力的角逐。当然，还有一个致命法宝，那便是，投其所好。

虽然不能像武媚娘那样与皇帝陛下对江山社稷有着共同的兴趣爱好——这样也太吓人了，又不大会再有号称中国上下五千年、纵横九万里才找出的四大美人之一杨玉环的美貌，那只好在日常生活中花上一点小心思，在娱乐中动点小脑筋，把女子的聪颖慧黠展现得淋漓尽致，这样的小女人也许是帝王所好也未可知。

揭开唐代的绮罗，仿佛所有的繁华热闹都扑面而来，这个时候热闹非凡的大明宫内也许一点一滴地绽放着欢笑的花朵，这些花朵点亮了唐帝国的喧嚣，扩散到了大江南北每个角落。每每想及此便会觉得后宫的那些争嗣、争宠，乃至投毒、酷刑什么的，都是浮云。每一个都是好好的女子，到了权利中心，就变得狰狞扭曲，扭曲却极端美丽着，仿佛一朵迎风绽放的罂粟花，叫人不寒而栗。

人人常说三宫六院七十二偏妃，其实即便是最鼎盛的唐代，妃嫔人数也不至于有如此之多，倒是所谓后宫佳丽三千人每每各朝各代会超越于此。在唐代，宫女大约分为两类，一类是有品级的宫中女官，另一类则是毫无品级的普通宫女，这后一类人占的数量是很庞大的，来自于贫苦之家或者罪人亲眷被贬为奴者，她们其实很难熬成女官，大多碌碌无为，最终老死皇宫，当然也有如上官仪之女上官婉儿那样出色的女子最终能够使男子倾服，可毕竟还是少数。有品级的女官大多来自于家世清白或者小官吏家的女孩儿，她们聪慧乖巧，自幼也许就受过良好的教育，进入宫中，很容易被提拔为女官，成为除了皇后、嫔妃之外的又一管理阶层。她们掌管宫女们的日常生活或者安排着她们从事的各项劳动，基本上诸如被褥、钥匙、蜡烛，等等，每一项事物都会细化到人。这使得后宫安稳有序地运转着，呈现出一派安静祥和。有的高阶女官甚至在去世之后会有自己的陵墓，这足以见到和后期朝代的不同，因之，唐代的宫廷内部女子的活动也较后代开放活泼很多。另外，唐代宫女是要接受教育的，她们会学习一些歌舞文字，朝廷内部专门设立了“内教坊”，提升宫女们的文化素养，使得琴棋书画在唐帝国的宫女们之间也流转不息，以消永夜，抵挡宫中寂寞。这种情愫一直绵延到宋代，无论是后妃还是宫女，易代也许给她们带来只是称谓上的变动，但千载不变的争斗与窒息，也唯有秋千架上或者落花影中的那一点游戏能带给她们一些比闺阁更渴求的快乐。

无论是每日里思考如何得帝王专宠、高高在上的妃后，还是日夜操劳、蚂蚁一样碌碌无为活着的小宫女，她们总有一天会需要欢笑，哪怕极为短暂，哪怕极尽心计，那活泼起来的一刻，天，便明媚了起来。

唐宋宫廷的小游戏很多，我想使你们惊诧的游戏应该是——象棋。说起这种游戏来，大多人也许耳边就会响起几个老爷子撞棋子的声音。是的，在闺阁内，在红墙中，象棋却有着别样的生命力陪伴着宫娥王妃们的人生。也许它曾经是黄帝驱逐猛兽与蚩尤一战的远古记忆，也许是周武王的兵车冲陷，更或者是我们伟大的劳动人民的发明创造，但是到了女子的纤手之中却变得玲珑聪慧，和围棋一样，渐渐掩去了杀气。

倘或你路过宋代的后御苑，遇见宋徽宗这样琴棋书画样样精通的帝王，那么灯下夜里听三两声棋响，那便是在正常不过的事情了。红烛摇曳，帝王凑趣的面孔叫人无法想象这是怎样的一个君主，又是怎样的一个男子。常常使宫女们对弈一番，自己便不偏不倚地看着，也许他比宫娥更寂寞，更需要打发去那些了无生趣的宫中长夜吧。女子一定要蕙质兰心，才会得到那样完全艺术化的男子的心。他记录着那一切的美好：

白檀象戏小盘平，牙子金书字更明。

夜静绮窗辉绛腊，玉容相对暖移声。

这是十分温暖的一刻，红色成为笼罩着夜的主打色，一切都是艳丽的，玉容相对，棋子碰撞的声音也变得温暖，这是怎样细腻而贴心的咏叹，这样多情的男子才引得多少红颜拼却。宁愿博君一笑，在象棋盘上一展身手。一代一代地传下来，象棋默默地成为宫中一种独立的崛起。

叫人疑惑女子的好斗一如民间老翁。

当然，象棋甚至成为代替扔鞋的另外一种卜卦方式。占卜是个神奇的事业，也许给你一副扑克你可以洗一洗然后用不同的方式来排列组合之，最后达到算命的目的。当然准不准另说，只是这种纸牌算卦代表了一种算卦的方向，这种疑似游艺的占卜方式在北宋时期被象棋占领了制高点，乃至那个爱看人玩象棋的宋徽宗被掳走途中，他的显仁皇后就运用了这种占卜游戏进行了占卜。被掳走时还随身带着象棋，可见象棋对于那些后妃而言是何等的重要，那为她们后宫生活带来无限欢乐的宝贝可是不能丢弃的。当时随行的大臣曹勋在自己的日记——《北狩见闻录》中就记录了这次占卜。当时因为实在太乱，新闻产业又十分的不发达，再者又和虏获他们的金人交流困难，最后导致下一个皇帝是否继位了的问题谁也不清楚，这可是关系到国脉是否延续的问题，大家一筹莫展之际，还是圣明无比的皇后大人想到了一个好方法，要不咱们搞个封建迷信活动吧！于是当即拿出象棋子，用黄布包住一枚棋子，在黄布上写上康王两个字。然后把所有的棋子朝棋盘上一抛，不偏不倚的，那黄布包裹的棋子落入了九宫里，大家于是都十分的开心，这下妥了，大宋江山有望。这样的祥瑞出现并不代表真的从此天下太平，金兵该打还是要打的，十二道金牌召回岳飞还是要召回的，一切不会因为如此神迹而不会灭亡，可是在那个慌乱的时刻，不去相信日夜陪伴的棋子，又可以去相信谁呢？对闺阁游戏的依赖已经托之国运，这欣喜和无奈是我们后人无法理解的，可是登基了的康王听说了这件事情之后还是大张旗鼓地根据转述者的描述使人作画，留下了一幅《中兴祥瑞图》供大家遐想。

当然金人带走了北宋这个不复的朝代，却带不走象棋在皇宫内昼夜的鸣响。南渡之后的君臣虽也励精图治了一下，却抵挡不住浓妆淡抹总相宜的江南女子的聪慧。其实检点历史，能被史笔记录下来的女子也就是我们能想到的那几位，而能以一技之长响动全国的，估计我们下面所提及的这位沈姑姑算得上是一位。她的象棋技艺折服了那位给岳飞平反了的宋孝宗，并将彼送给了已经成为太上皇的赵构，以为孝道。这里要说说沈姑姑其人。确切地说，这是一个除了姓氏其余什么都没有留给后人的女子。作为一个传说中的人物，她经常被人们认为是第一个职业的女子棋师。除了周密的《武林外史》，《太平清话》里也对这样一个女子有所提及。乃至留下“一从南渡贱兵符，沉醉杭州帝子郝。谁识上皇垂老日，眼波亲伺沈姑姑”这样的诗句。帝王的老去，宫内的寂寥，山河不存的恐慌，一切都只能付诸棋盘，使人慨叹。因之，对于这位象棋高手，留下过很多诗句，虽然感慨良多，但也是对男人世界忽然闯入了女子高手的一种新奇。

当然，象棋的故事在唐代宫廷女子手里就别是另外一番景象了。因为她们中有一个很给力的女子叫做武则天。无论是史册还是野史，所有关于女子掌权的猜测与故事都会涂抹给武则天一些的，作为女子帝王，她有着和男子很不同的审时度势的处世态度。在她还不是皇帝陛下的时候，身为皇后的她也做着历代皇后做过的事情——陪皇帝下棋。这种陪伴需要的是机智与棋逢对手，一如我们前面说过陪伴崇祯的田妃，作为一种非政事上的陪伴。史书上记载，武则天与高宗李治都是象棋票友，但是这夫妇两帝在棋盘上的较量却多少叫人遐想。像后来的唐玄宗李隆基和杨贵妃、唐肃宗李亨与张良娣也曾在象棋盘上展开自己的爱情故事。这里需要说的是唐代的象棋和我们今天的象棋是不大一样的，它又被称为“宝应象棋”，那时的象棋“皆金铜成形”，“列马满枰”，有将、卒、马、车，而没有炮。这不能怪古人节省，因为那时候还没有炮这种东西大规模地应用于战争之中。当然，唐代的象棋还有一个重要的特点是棋子置于方格之中，不同于我们现代象棋子是放在十字交叉点上。当然，有喜欢发明创造的帝王比如李隆基就在女子的胸前写上棋子比如将、卒、马、车的字样，让她们站在画地为棋盘的空旷场地上，号令其进退，倘若被吃掉了，就退场。又有美女看，又直观，不过我个人恶趣味地想，是否某女看起来面目可憎，便率先被吃掉了，这种游戏还真是一种随性呀。不过历史上没有记录李隆基如我般昏聩，更何况后宫佳丽三千人，三千宠爱在她杨玉环一身，这样的小戏也会是他们夫妇的一种闺阁小爱吧。说回武则天陛下自己来，她曾经摆下一个棋局叫做大胜局，使人破局，和路边摆棋谱的人也差不多。这位女皇帝陛下和高宗的共同爱好还有一个，那就是我们提到唐代宫廷游戏不得不提及的游艺，那就是，打双陆。

双陆是什么？这个东西说起来不是咱们本土的产物，这是一种从丝绸之路上带着点胡人气息，又带着点佛教味道的游戏。根据考证，它应该是来源于古罗马的十五子棋，然后扩散到阿拉伯诸国，逐渐地随着丝绸之路，进入新疆、敦煌，还有长安。因之，虽然我要苦着脸告诉你中国双陆在清代以后几乎绝迹，导致我们现代人看到对双陆规则的介绍都有一种莫名其妙之感，但是其实在外国，还有一种叫做西方双陆的游戏在竞技的舞台上一直没有退却，还产生了不少变体，比如超级双陆、纳克双陆、日本双陆，等等。如果感兴趣的朋友可以期待一下世界双陆锦标赛，希望能找回失落的文明。于是仔细介绍一下这个风靡唐宋的游戏的玩法：双陆一般有枰（棋盘）、马（棋子）、骰子这三种戏具。棋盘是长方形的，左右各刻有一个半月门，门两边是六个原点，标志着十二路，又被称为梁。棋子呢，是一个类似于棒槌的样子，有黑白两色——中国人酷爱黑白分明的战争、每人各十五枚棋子。两人对弈之时，就要通过掷骰子来投掷出 1 到 6 的数字来，然后按照上面的数字来行进，白子从左往右，黑子从右往左，最后全部进入对方的后六梁的人算赢家。这样的行进是运气也是技巧，那么大的一个方向，究竟怎样走才能使得全部十五个子走出自己的地界来到对手的地界，还真是一个智力游戏。所以双陆一向被目为“智人之戏”。赢得一局算是一筹，十五筹定成败，后来有个成语叫做更胜一筹，便是从此而来。可见大家对于这种游戏的痴迷。

这种随着张骞开拓的丝绸之路而缓慢渗透进中土的游戏，并非开始便传遍街头巷尾，一如我前面所说，这玩意是个需要智慧、运气和时间，而且据说这种游戏的本土化是和鼎鼎大名、天下才占了八斗的曹子建有关系，作为老百姓，还没有闲到来琢磨这样的事情，所以，我们发现，从汉代到魏晋，双陆几乎成为一种贵族的游戏，就和今天说我没事儿去打两杆高尔夫球是一样的豪华型游戏。作为一种考验人智商的游戏，到了唐代，它将更加完备，也更加诱人。太宗有一位丹阳公主，自然是大唐骄傲的花朵，可是有一天，她不开心起来，这不开心直接导致的一个结果就是，和老公分居。说起来她老公也是个了不起的将军，叫做薛万彻的，曾经与父亲薛世雄在罗艺手下为将，又跟随过李靖追击突厥，也跟随过李绩，还率兵攻打过高丽，总之在大唐帝国的边陲上有着他很不完整的传说。太宗对于这个人有爱才的一面，所以把丹阳公主下嫁于他，也就算是褒奖了。虽然战功是有的，乱也是没少给太宗添的，但是终归是个武将，粗人。所以有一天唐太宗就开玩笑地跟人说，我这个驸马啊，“村气”。所谓村气，就是说这个人很老土。听到父亲这样的评价，丹阳公主自然郁闷至极，索性“不与同席数月”。想想驸马爷也真是可怜，被岳父随便开了个玩笑却刺中了老婆的心。唐太宗知道了以后也郁闷，玩笑嘛，何必那么小气呢？于是他想了一个好主意：打双陆。这种智人游戏一定要高雅有层次的人玩嘛，而且还下赌注，你薛驸马要是赢了我，我就把我的佩刀赏给你。招来了驸马，还要想办法要他赢，果然是岳父难为。一场下来，薛驸马终于获得佩刀，皇帝陛下又赐酒又赏宴，大家都很开心了一阵，便散了。薛驸马一如既往地打算爬上自己的马回去过分居生活，没想到一出门就有人传达了公主的旨意：“召同载而还。”然后两个人又过上了幸福的生活。望着这样一个 happy ending，我们也只能慨叹一句可怜天下父母心，帝国的皇帝陛下也无能超越于外。而以双陆测试智商，可见双陆是文人戏，打得双陆是一种何其尊贵的褒奖。

回过头来说武则天和双陆的故事，作为与高宗的共同爱好，在高宗生前，也不过就是一种娱乐，反而是在高宗过世之后逐渐为后世曝光。这不是什么问题，因为那个时候她确实站在了帝国舞台的正中心，所有的八卦新闻自然源源不断地出现在她的身上。

首先便是男宠问题。古代帝王选妃后以充后宫是十分正常的事情，并且会有礼部等有关部门帮忙张罗，还要定时更新，以提高帝国接班人的质量问题。可是这件事情搁在女皇帝陛下那里就是大大不妥的事情，首先不会有人来张罗立个男人为后吧，而且您再生了个儿子算怎么回事儿呢？对于 DNA 这些十分复杂的问题，大周朝臣们其实还没有什么太具体的思考，但是武则天却不能不解决个人问题，所以大名鼎鼎的男宠张昌宗、张易之之类的出现也成为必然。这种必然导致一个问题就是，男宠这个不伦不类的职业究竟算什么？倘或是妃子，那便有了君臣之礼，可是男宠么，终究是上不来台面的东西。偏偏这种不在台面上的东西却人人尽知，也人人想要去打击一下。这天，武则天一如既往地经营着她和她丈夫生前的共同爱好，打双陆，只不过对方已经不复是李治，而是男宠张昌宗。这个时候，狄仁杰出现了。其实狄宰相在历史上的风评还是蛮好的，这样一个正直的人自然很看不上男宠张昌宗，代表月亮消灭你也是他的本色出演，给他下不来台，自然是史笔乐于记载，而后世乐于传诵的。作为每个朝代都要出现的著名好官，他自然会对皇帝陛下身边小人——小小的人进行一番打击。于是在武则天邀请他和双陆高手高手高高手的张昌宗来一场角逐的时候，他一口答应下来了。为了增添紧张度，武则天说："你们来赌博一下吧，小赌怡情大赌伤身，狄爱卿，你打算押个什么呢？"狄仁杰提出了一个看起来很公平的赌注：彼此的衣服。可是那天，张昌宗穿了一件武则天赏赐的集翠裘，大体上应该比勇晴雯补的那件更珍贵吧。而狄仁杰的工作制服每年还会有统一配备，这实在是太不合理了。可是狄宰相本来也不是为了下棋来的，主要目的是批评教育，帮助督促。他说："集翠裘不过是宠臣的花哨的衣服，而我的紫袍可是朝廷的脸面，用我这个换我还真不愿意呢。"这场对弈正式开始，总归正义战胜了奸佞，张昌宗仿佛被剥了皮的小狐狸，再也没有什么威风可言。

所以，闺阁游艺之于宫廷往往包含着很多深意，即便是这种游艺出现在梦中。武则天把自己的儿子李显废为庐陵王很多年，很多时候，很多事情让她乐意忘却他。可是她有一个奇妙的梦境萦绕不去，那就是善于打双陆的她却会与人对弈连输数局。也许是好久没有尝到失败的滋味了吧，她梦里醒来，便觉得一片冰寒。这种事情按理说找个心理医师给调节一下，放送一下神经就好，不过据不同传说，这位则天女皇陛下的梦大多很离奇很古怪，很有预示性。所以她找到了狄仁杰。多面手狄宰相听到这个梦境后微微一笑，这正是匡扶大唐的好时机，于是他说，"双陆不胜，乃是宫内无子"。这正中则天陛下心事的话语不啻于当头棒喝，为谁辛苦为谁忙？人生匆匆虚幻大梦，最后不过是留给后人的一切，不会带走也不会为谁停留。她派人召回了中宗李显，这英明的决定使得在她死后唐或者周这个帝国没有出现分崩离析的局面，这个王朝在她的经营下一直走到了开元盛世。

也许是遗传，或者就是唐宫廷的一种风气，爱好双陆从太宗到高宗到中宗，一直没有停歇过。中宗也是个双陆迷，而历尽艰苦的他也许觉得能安安稳稳地再玩一次这种贵族的游戏便是一种老天的犒赏了吧。他的母亲终究没有忘记他，他终于可以坐在御床上和他的父亲们一样，悠闲地打着双陆，算着筹数。可是史笔记录下的却不是这么回事，坐在御床上的不单单有他，还有他的皇后韦氏（正常）、武三思（好不正常）。

关键的是，他不是对弈的任何一个，而是做记录的那个，真的是，啧啧。关于韦氏与武三思的眉来眼去在朝堂上，在街头巷议里已经被满满地充斥着。这样公然地给皇帝陛下戴绿帽子也是源自于这个多情男子对他结发妻子的誓言，要让她幸福，让她不再吃苦。只可惜，有时候不懂得珍惜的女子是可悲的，她完全没有抓住这迟来的幸福，而颠覆了它。她想做武媚娘，可是却没有则天女皇的资质，最后在历史的洪流中被淘洗而去。

双陆棋盘上倒影的是一些说理性的故事，或者说是历史。在这种智人游戏里究竟有多少我们还来不及记录的故事，有多少宫廷女子的辛酸，叫人不得而知，只是一首诗叫人读起来有些感想，抄录如下：

云光五色画衣箱，覆辙将追武媚娘。

无子才醒双陆梦，御床又复点筹忙。

到了宋代，双陆依旧是王室们的大爱之一，像那个什么都会就不大会治国的宋徽宗写诗说："黄昏人寂漏初稀，嫔御相从奉直归。慵困尚寻嬉戏事，竟将双陆且忘机。"可见何其痴迷。不单单如此，像宋不断更替的邻国辽、金等国的君主都是很喜欢玩这种来自西方扎根中原的贵族游戏。当然，像辽兴宗和耶律重元玩那种"赌以臣民城邑"的游戏就最好不玩了，因为一不留神就会倾家荡产。随着市民文化的不断繁荣，贵族宗室对于双陆的垄断权就越来越小，到了宋代，李清照那样才女写出《打马图》来专门指导怎样打双陆，继而到了元明两朝，飞入寻常百姓家的双陆却渐渐地受众变小，到了清代，已然销声匿迹了。

和象棋相比，也许双陆就是天生带有着贵族垄断性，象棋在民间越来越畅快淋漓地走下去，而双陆却绝迹江湖，不能不说和一种游艺带有的娱乐性多还是智慧型多有关系，市民文化要求娱乐性大于知识性的这种需求，使得那一世的辉煌也只能藏在远去的大明宫间或缥缈的薄雾之中，使得我们渐渐忘却那点绯红。

唐、宋的诱惑(下)——那些小球们

看起来，统治者们都是冷静而愿意脑力劳动的，这是承续上一章说的话。之所以这样说，是产生自我在北京故宫后宫溜达的时候观看那一间间窄小的斗室若干，永恒不变的是庭院、回廊、狭小的蓝天……即便是御花园。那深墙之内的妃嫔宫娥们就被禁锢在这方寸之间，摆弄着棋秤，或者毽子这样的小玩意儿，孤独终老。当然，被囚禁的不单单是女子们，便是皇帝陛下也不过是在三大殿上能感受到自己统治下的幅员辽阔吧。就我估计，如果皇帝陛下们想要搞个体育锻炼还是每天早起徒步上朝比较好，也难怪明清两代出现了那么多的宅男皇帝，又难怪有那么多皇帝愿意跑出去留下下江南，微服私访的故事在民间传唱了。可是，臆想永远是错误的，并不是所有的皇帝都懒于运动，清人们也是有自己的承德去放马驰骋，找回祖先们纵马狂歌的乐趣的。好吧，他们在这一章里不重要，重要的是，我想带领大家走进长安宫城内，去那里看一看一个真正健康着的朝代的统治者的模样，以及那喧嚣了一代的国球——

马球。

从史料上看，唐朝的长安宫城中有很多场所用于打球，如球场亭、西苑的梨园、大明宫的东内苑、麟德殿、中和殿以及飞龙院、清思殿，等等。这些场所地面平整如水，寸草不生，有着极其专业的呵护与管理。这一切准备都是为了一场场动人心魄的比赛，那就是马球。

马球是什么？其实拿这个问题来问现代人，会有一部分人津津乐道地给你讲起来。原因很简单，毕竟马球还是个出席过几次奥运会的竞技项目，马球比赛尚未消歇，只是较为可惜的事情是那些马球已不再是唐人玩的游戏，它是消失了几百年以后又从西方传播过来的了。想起便叫人扼腕。

不过公平一点说，马球本身也不是中土的产物。它从前的名字叫做波罗球。听起来就知道，一定又是从丝绸之路上迢递而来的。不过这次据说是来自波斯。一旦一种竞技类项目来到中国本土就必然被同化掉，这似乎已经是一个有目共睹的事实。所以这种球被一小撮养得起马的人热爱，并发扬光大之，这一小撮人叫做皇帝陛下和他的臣子们。

虽然说马球在汉末就已经出现，曹植大公子也在他的《名都篇》中有所提及，但是最终把它推向国球地位的，还是唐代的帝王们。唐中宗李显在嫁金城公主于尺带珠丹后接受了这样一封信。信的大致内容是：大唐皇帝岳父你好，听说你们的马球是国球（唐初一团尚武精神已经使得马球成为胡汉咸宜的游戏了），你们打得很好，但是我们的也不赖，反正我们来迎娶的日子里也没有什么事情做，不如大家来比赛吧。爱你的女婿代表团。

收到这样一封挑战书，当然是一件关系到国际邦交的事情。于是李显当即派人与这群仗着自己吃牛肉长大的胡人们在梨园亭球场比试一下。这里我很想吐槽的是梨园亭球场，因为对梨园的了解一直停留在这是戏曲的代名词的浅薄认知上，使得我在了解梨园亭球场的过程中实在是大吃一惊。这里不但搭台唱戏，生活过梨园行的祖师爷玄宗李隆基，而且还有过马嘶萧萧、旌旗猎猎的壮阔景象。而且，它的地面的日常保养居然是：泼食用油！原来寸草不生、光滑如镜什么的都不是传说啊。这里（当然也包括刚才我提及的那些不同规模、不同用途的球场）的体育盛会往往为后宫妃嫔以及若干宫女们提供了很大的精神娱乐。即便我们没有电视直播转播录播，但是我们可以亲临现场，亲自为球员们呐喊助威，那是何等的荣耀与欢乐。这一刻，女子或者男子，燃烧着身体中的热血，为一种最原始的人类行为而激动着。当然作为皇帝陛下不但可以看到男儿雄姿，也可以欣赏到女子的婀娜娇媚，这是怎样的一种享受。即便是偶尔被邀请参观比赛的臣子们也一样大饱眼福。翻开《全唐诗》果然就有这样的诗歌留存：

令节重遨游，分镳应彩球。

骖驔回上苑，蹀躞绕通沟。

影就红尘没，光随赭汗流。

赏阑清景暮，歌舞乐时休。

不但有球赛可以看，还有歌舞等娱兴节目，场内人欢马叫，场外歌舞劲放，还真是一个巨大的狂欢节。所以马球比赛是何等的叫人期盼呀，更何况是国家队和外国队的一场巅峰对决。

这一天想必是人山人海，红旗招展的。第一场，唐朝国家队，输；第二场，还输；第三场……总之，这一切是叫人郁闷的，输就一个字，还说了好几次。唐朝国家队总教练唐中宗李显觉得自己十分的没有面子。他决定大批量地更换主力队员，他们的名字是：嗣虢王李邕、驸马都尉杨慎交、武延秀和临淄王李隆基。两个女婿、一个王爷、还有一个未来的大唐天子，这是怎样振奋人心的梦幻组合，粉丝们要疯狂了吧？据说那天的格局说这四大男子面对的是胡人十几个人，虽然很不理解这是怎样的规则，但是此四人所向披靡地取得了最终胜利了。这一刻伟大的球王诞生了。“东西驱突，风回电激，所向无前，吐蕃功不获施。”——史笔记下了这一幕，这是一次外交上的胜利，但却不是李隆基唯一一次的胜利。登基以后的李隆基对马球的痴迷和酷爱直到他成为耄耋老翁，据说他第一次与杨玉环四目交接也是在马球场上，那时候作为儿媳妇的杨玉环没有作为观众，而是球场上的参赛队员。

是的，在大唐是有女子马球队的。不但如此，她们的领袖有时候有可能是大唐的骄傲的公主。她们不但有自己的球队，还有自己的球场。她们的球场规格也十分的高，据说建造时就要用油拌着泥土一起建造。

女子马球队，这是一支奇妙的队伍，它既满足了女子的纵马戎装的想法，也充分满足了男子的观赏欲。那些衣袂翩跹，那些环佩叮当，那些娥眉粉面，那纤腰玉容，那些婀娜多姿……仿佛画卷一样缓缓展开在平滑如鉴的马球场上，活泼泼地跳跃于马背之上。“自教宫娥学打球，下鞍初跨柳腰柔。上棚知是官家认，遍遍长赢第一筹。”这是五代时期的花蕊夫人的描述，这种带着傲娇的小女子口气，这种可爱是在男人的世界中万万看不到的。可惜我们现在再也没有这个眼福能看到那些在马上奔腾的女子们，她们随着滚滚的历史绝尘远去。幸好我们经常在地下遭遇一些历史。1981 年 9 月，陕西临潼的一座唐墓中曾出土了四件小巧玲珑、造型生动的白陶彩绘打马球俑。俑高 0.7 米，全是宫女形象，头绾蚕形髻，身着各色紧色坎肩，左手拉缰，右手上扬，伏身向前做击球状，姿态娇柔刚健，造型栩栩如生，那不曾褪却的颜色仿佛为我们打开一道穿梭于历史的大门。端详着这样的女子，依稀还可以看到大唐的欢乐吧。

美则美矣，然而有一个十分重要的事情常常被人忽略，那就是，马相对于一个女子而言是一个硕大的动物。骑在上面，还要腾挪闪跃，这些可爱的小宫女或者灵巧的众妃嫔并不是武林高手，也不会什么凌波微步，当然又没有弼马温可以与马做深刻的思想交流的本领，要是摔下来，或者哪怕是擦伤，那都是对美人的破坏。别说我不忍心，皇帝陛下大约也不忍心吧。

我并不是危言耸听，唐武宗时候的马球国手周宝就在比赛中被打伤一目，从此堕了英明。然而还有不幸的人，李宝臣和田承嗣是安禄山手下的悍将，安史之乱后率军归附朝廷，分别被委任为成德军节度使和魏博节度使，按理说是两个共同战斗的战友。可是马球场上却发生了不幸。有一次，李宝臣的弟弟李宝正在魏州打马球，一起玩的还有田承嗣的儿子田维。李宝正的马突然受惊，在球场上一路狂奔，不偏不斜正好撞到田维身上，把他活活撞死了。自己的弟弟撞死了朋友的宝贝儿子，于是他绑缚了自己的弟弟跑去请罪，田承嗣早已不可能手下留情，居然把他活活鞭打致死。一场马球引发的血案还没到此为止，后来两个军阀彼此厮杀这且按下不表了。便是抱着欣赏的心态看球的人看到胳膊腿乱飞，脑浆迸裂的事情自然不好，倘若我们好容易搞到一张奥运会的票，却赶上这样血腥的场面，估计是要郁闷至极了吧。其实普通人和皇帝之间是没有太大差别的，因为有一次乐意看马球比赛的马球巨大粉丝唐穆宗就赶上了这样的景色。本来比赛十分激烈，忽然一声非男非女的尖叫刺破耳膜。实在是太吓人了。马上有人意识到应该把这个惊驾的家伙打出去，可是大家发现，打是打不出去了，只能拖出去——此人已经死了。这个宦官的死相非常的吓人，在激烈的战斗中不知道是被马球杆击倒，还是被木质的马球砸到，总之摔倒在马下，一头碰碎，实在是太可怕了。唐穆宗看到这样一幕真是夜夜惊心，他不是那个马上得天下杀人无数的开国皇帝，不是那个出征击败突厥的天可汗，他已经无法承受血腥的恐惧，当时又没有人做灾后的心理辅导，这个伟大的皇帝也逃不过内心的恐惧，最后终于病死于此。

于是一种新的马球载体出现了——驴鞠。驴这种东西长得比马小，看起来又很温顺的样子，骑在上面看起来还很安全，上面铺上精美的雕鞍，各宫女们穿着华美的服饰，手执精致的球杖，皇帝陛下，你看的不是球赛，而是美人啊。所以比赛成绩不重要，这是一场表演赛，也是一场争宠的角逐。可是别忘了，驴是一种很倔犟的动物，有的时候它不开心了，站在那里不动，好好一个球被它错过了，也着实叫人跳脚。不过女子和倔驴的对峙带着些娇蛮，带着些小小的无奈，风情万种，那种感觉在男人眼里也许很有趣吧，反正这种比赛要的不是结果嘛。所以这种驴鞠队一直绵延不绝，不但在宫内有宫女队，而且在宫外还有一些歌姬等民间女子被组织起来，剑南节度使、成都尹郭英乂就有这么一支队伍。当然，骑驴打球的事情后来也不单单在女子的世界里，很多男子因为驴比较不好控制，可以增加一些游戏难度，甚至有学者认为男子驴鞠是用激怒驴子来增添马球的刺激性，这多少和斗牛有些相似。所以，娇小无辜的驴子在惹怒了之后就杀红了眼，史上记载说有“碎首折臂者”，真是叫人不得不摊手说，工具不重要，重要的是，男人果然来自火星，女人果然来自水星。

所以，驴鞠也是危险的，所以对于娇弱的女子来说再选择一种安全的打球方式吧。于是一种新的打球方式出现了，这种方式叫做步打球。每年在寒食节的时候，唐代都要准备大规模的球戏，这是献给皇帝陛下的，所以有更多的美感。这种游戏就和旨在锻炼贵胄们马上功夫的马球是不一样了，它居然，有音乐伴奏。为它伴奏的音乐的词是大名鼎鼎的魏徵，“舞衣四色，窄罗绣襦，银带簇花，折上巾，顺风脚，执球杖。”听起来是很喜庆的，当然这种音乐还有舞蹈伴舞，不免叫人想起 NBA 中场休息的辣妹们。另外这首久唱不衰的曲子，到了唐玄宗年代还是会热闹地出现在球场上，而且爱好音乐的李隆基还把这种音乐改成了羯鼓乐，这铿锵的节奏更激励了场上的运动员们。

不过说起来这终究不是一种激烈的体育，在深宫中虚度青春的宫女们在这种游戏中吸取到无数的快乐，她们不但正常组队，而且也可以两人对踢，这对场地的要求就没有马球那么高了，而且也不用去和马或者驴这种动物进行配合。就和当我们还是个小学生的时候每天放学都惦记着跳皮筋一样，每天都会惦记着这场游戏。好在这种游戏两人以上均可玩耍，这种属于小宫女的欢乐，真是叫人艳羡。

皇后有时候也会参与步打球赛，不过她已经是高高在上，前来观赏的之一了。另外一个之一是皇帝陛下，他看着那些穿红戴绿、气喘吁吁、柳腰纤细的青春女子们，真是令人心醉啊。而宫女们这个在步打球的过程中偶然瞥见皇帝和皇后陛下的出现，那种惊慌、兴奋、羞涩或者带有更多情绪的样子映入皇帝陛下的眼帘。王建的宫词说："殿前铺设两边楼，寒食宫人步打球。一半走来争跪拜，上棚先谢得头筹。"大约是诗人作为陪同看到的时候在心中形成鲜明的记忆。

由承载着雄壮我大唐君臣将士的伟大愿望的马球到尽显女子妖娆的步打球，可以说跳跃的小球已经逐渐朝着美感的方向不断发展，娱乐的功能远远超过了它的最初构想。虽然在马球场上，依旧飞扬着男儿的热血，国君的微笑，政治的权谋，但是观赏性的小球竞技已经随着舞蹈、音乐的渗入而逐渐文艺化。

既然战争片已经变成了文艺片，那么手执木棒的女子也不是很美观的吧——就女子的阴柔型来说。于是希望如水般温婉的她们开始了向小球的进一步挑战，那便是，蹋球。

飞来飞去的小球被放大，虽然依旧是木制的，但是高度已经是一二尺那样高。倘或你不是很清楚一二尺是多高的话，那么用今天的球类形容一下，那便是比篮球稍微小一圈那么大。这样大的球拿来打一打还成，但是要是踩在上面，估计难度是很大的。另外，我们也都知道，唐代女子以丰腴为美，万一不解释给踩碎了……真是不堪设想。好吧，以上都是我的个人遐想，书上记载的是"舞者立于球上，旋转如风"。旋转如风呀，同志们，那是怎样的一种平衡感，或者，轻功。这样的记载不单单如此，《乐府杂录》里说：“舞有骨度舞，胡旋舞，俱于一小圆球上舞，纵横腾踏，两足终不离球子上，其妙如此。”这种美妙的舞蹈在宫内大行其道，摇曳的风姿与女子的袅娜两相呼应，王邕的《内人蹋球赋》便记录下了宫女们在这种游戏中的种种形态：“球上有嫔，球以行于道，出红楼而色妙，对白日而颜新，于是扬袂迭足，徘徊踯躅，虽进退而有据，常兢兢而自勖，球体兮似珠，人颜兮似玉，下则风雷之宛转，上则神仙之结束；无习斜流，恒为正游，球不离足，足不离球。”这般技艺的高超真是叫人拍案叫绝。衣袂不断的飘荡，两只脚轮换着踏在球上，即便是看起来很稳当，但是没有一刻是不小心的。虽然我们脚底下都踩了个球——地球，但是大球和小球还是有本质的区别的。说起来，这种蹋球的球也是要经过一系列的装饰的，要在上面画五颜六色美丽的图案，这样女子在上面萦回来去才更缤纷，更衬托出球上的人。下面的球是转动的，而上面的人却要保持绝对的平衡与冷静，这样动静分明的对比，显然制造了仙境一般的效果，这不免叫人想起那个踏着风火轮的儿子哪吒，两个轮子便增添了他更多的神仙气质吧，火轮这个道具用在“我爸爸叫李靖”的唐朝人哪吒身上，基本靠谱。

杂技类的东西永远属于修炼童子功的同学们，对于想要娱乐的广大后宫女性们来说，马球很危险，驴鞠有难度，步打球稍微好玩一点，但是正规的一场比赛也是需要很大的场地的，毕竟每个人都不是长宁公主，所以还有更新鲜的玩法，叫做抛球。抛球抛的不再是硬邦邦的木球，事实上如果是抛木球的话估计参加还是要有一定勇气的。抛球抛的是绣球。是否给了你一丁点儿提示呢？抛绣球，好熟悉的场景，我们伟大的古典名著《西游记》里唐僧同志的父亲陈老爷子就被丞相之女殷小姐砸中过，开始了一段传奇浪漫短暂而富有历史意义的爱情故事。就是这种绣球，它带着点女子的娇羞，女子的温婉，以及女子最重要的一点社会责任——女红的好坏，翩翩地落在一个男子的身上，虽然有些疼，但是，那是甜蜜的疼痛。当然，在唐代，最开始，抛球绝对不是对着男子表达爱意的，而是女孩儿家自己的游戏。这种抛球往往带动的是身上的环佩叮当，像有幸在宫中看到这热闹且香艳场面的诗人李白，就将“素女鸣珠珮，天人弄彩球”的诗句记录在《宫中行乐词八首》中，以纪念他茶几一样的翰林人生。美女和运动还有锦绣在一起，那是美不胜收的，可是抛绣球又是怎样转化为定终身之物的呢？我们可以从这样一首诗里找到些许答案：“侍宴黄昏晓未休，玉阶夜色月如流。朝来自觉承恩最，笑倩房人认绣球。”前面均没有写到绣球，而是一直在写晚上很忙啊，服侍圣驾，或者还做了些什么，这个我们只好自行遐想，总之，前面写得很幸福，最后才会有“笑”字出来，这笑里有腼腆，有害羞，甚至还有一点点恃宠的感觉。我们终于明白了，这是一场美丽的邂逅，也许这是一个在玩绣球的宫女素娥，或者妃嫔，她的可爱与阳光打动了偶然路过的帝王，于是一场灵与肉的碰撞在夜的妩媚下升华，匆匆离开时，却将绣球有意或无意地落在了石舫上，连忙使人找去，拿带着自己标志的绣球是爱情的信物，因为这样一枚绣球，才开启了一个女子最美丽的夜晚。可是后来呢？诗人没有告诉我们后来，诗人的诗题只是叫做《水殿抛球曲》，那只是在水边的一场美梦，倘或不会再被想起的话，也许也不过是人生中永远值得回忆，却永远回不去的童话吧。

人生只在初相见。

作为女孩子亲手缝制，随身戴在身上的玩物，绣球代表了一种寄托，在宫外，闺阁小姐们能在绣楼上抛绣球招亲，无论砸到谁，多半是个身体健康的青年吧。可是在宫内，更多的是一种陪伴，一种青春逝去的陪伴。那颗遗失在少年里的绣球将永远在宫廷的某个角落，尘埃落定。

当然，我们说，这些唐朝人玩的玩意儿到了宋代是经常被发扬光大的，但有时候发扬光大是好，有的时候却多少抹杀了原来游戏的乐趣。

比如马球，就成为了一种仪式，就好像国家仪仗队一样，拉出来，跑一跑，大家要注意仪表美观，整齐划一，对抗赛打成了毫无技术含量的表演赛，实在要叫人大呼没劲透了。这种表演赛当然用女子当然是更加美好的，这不单单是因为我前述女子马球的特点，更是因为经过唐代，女子马球有了长足的发展，技术更高，耐看性更强，她们不但可以表演马球，更可以奉诏陪皇帝陛下打马球，女子们嘛，打起来也不会很疯狂，又不会因之发动政变（故事详见那个在马球赛时被暗杀的唐敬宗），实在是休闲娱乐、马背、台上，必备精品。宋人周辉就在《清波杂志》(为啥看起来很像一个知音体期刊?）上说，皇帝陛下啊，你无视五百禁军马球赛为哪般？以及吾皇经典大作新鲜出炉，不爱红装爱武装惹人疑窦；女子还是男子，这是一个问题——一个老马球员的内心独白等言论。其中还记录了宋徽宗的一首《宫词》:“按马攀鞍事打球，花袍束带竞风流。盈盈巧学男儿拜，惟喜先赢第一筹。”反正我看到这首诗之后是喜欢得紧，这全然是喜上眉梢的风流皇帝的言论，再想象它浮现在瘦金体的字影里，将那一日女子马球的状况完全地记录下来，“盈盈巧学男儿拜”一句，叫人忍俊不禁，女子的豪气干云总是带着几分娇憨，带着几分可爱。也难怪宫中马球赛会波及到与宋常年对峙宋金以及日后的蒙古，成为节日庆典不可缺少的一项了。

除了马球，步打球也出现了变异，这种变异是完全性地朝着高尔夫球去的。其名字叫做，捶丸。这种技术完全性地成熟起来，无论是从场地、器具还是规则，都十分丰富而多样。只是击球的小木棒和高尔夫球有点差别，它是扇形的。也就是传说中的其形如偃月。宋代女子对这项游戏的爱好也十分高涨，上到嫔妃下到宫娥，风靡一代。

抛绣球的游戏在宋代也是蒸蒸日上的。像北宋的流行女子乐团组织的绣球乐队就专门为皇帝表演抛绣球，这种专业性质的表演融合了舞蹈音乐杂技等多种艺术形式，女子要身穿四色彩衣，绣罗宽衫，腰系银带，手捧绣球为皇帝表演，无论听觉的感受还是色彩的搭配都叫人拍案叫绝。继而又衍生出抛水球来，就是站在岸上朝水里抛，看谁抛得远，这是一种我不是很理解的游戏方式，抛出去的球是否还捡回来，气球是用什么做的，都是值得推敲的。宋徽宗自己写的《宫词》里说："苑西廊畔碧沟长，修竹森森绿影凉。戏掷水球争远近，流星一点耀波光。"看起来球是被掷出去很远很远，而这种清凉的戏水法似乎在古代不是很常见。据说这是和宋代的地球气温有着很大关系，所以我们看到宋人经常是衣着很单薄，纱制品比较丰富，而且他们使用的乘凉工具也特别的多。抛球就这样被发扬光大了。

可惜，驴鞠这种游戏宋代以后就几乎绝迹江湖，原因扑朔迷离。事实上我们上述的这些小球们，经历了元的荒芜之后或变种或消失，最后都渐行渐远于历史的红尘之中，只有透过一两句诗、三四首词间或的看到一些影子，那道宫墙之内的欢笑也被尘封，很少有人再去触及。

紫禁城里的特殊声音——明清公主们的游艺

明清两朝，历来被誉为集大成者。无论诗词歌赋还是政治制度、经济措施、思想文化，都在追摹先贤和努力发展的道路上走着。即便是宫廷里的那些小玩意儿们。一如我们在前面提到的几乎所有游艺都会在深邃的紫禁城里看到一二它们的身影，倘或再一一重复介绍，则不免有啰唆之嫌，这里不妨带着大家去关注一个值得说的群体，看看这个群体都在玩什么。这个群体叫做：公主。

公主是一个很特殊的女子群体，是每个女孩子都向往的那一群。天之骄女，万众仰慕，那种光环是与生俱来的。作为天子之女，虽然不是唯一，但是体会着总也会过着幸福快乐、“皇帝的女儿不愁嫁”的甜美生活。比如我们前面所讲述的唐代公主们，她们可以引领时尚风潮，也可以再婚而嫁，当然如她们的母亲十分的强大的话，干预朝政也是件不成问题的事情。正因如此她们的故事在历史上有着很多记载，而大唐公主那活泼开朗率性的形象也十分鲜明地留在我们的记忆里。相对，对于明清公主（格格）们的生活，我们了解的并不是很多，除了易代之际的那些被推到风口浪尖上的奇女子们——比如明末被断臂的长平公主，清初唯一的汉家公主孔四贞，便都属于此列。更多的，却默默地淹埋于历史的洪流之中，她们过着怎样的生活，又有怎样的小游戏伴着她们成长呢？

明清两朝的公主们在一定程度上遵守着相同的制度与规范，但是由于清是一个外民族进入中土的国度，所以有着不同之处。

明代的公主们的数量这个数字是多少呢？大大小小加在一起，早夭的和长寿的算一算，大约是 92 人，其实不够一百人的数量，就是她们组成了一个宫内与皇后、嫔妃、宫女不同的阶级，她们的生活从出生到死亡都是特殊的。她们降生的时候是要由她们的父亲去通报列祖列宗，这一点来说和生男孩儿还是一样的待遇，不过是内朝太庙。并在三天内起一个大气而响亮的名字。从此，她们的幸福童年就此拉开了序幕。但是要注意的一点是，这个时候她们还不是公主，她们懵懂地过着她们的青春，直到有一天被告知要嫁人了，她们才伴随着出嫁有了公主的头衔，可惜，她们中的有的人未必能够等到出嫁，便夭折在了青春的岁月里，那么，她们的公主称号便是后追加上去的。在清代虽然稍稍有不同，即公主之名是要在嫁了以后赐予，并且还分一些品级，但大体是如此的，未嫁之前，她尚不能体现出作为皇帝的女儿的责任，而嫁了以后，才被认可。

皇女的责任是什么呢？用于笼络大臣，设置障碍，把大家都变成亲戚，你是我的亲戚便不好意思不努力工作、不谢主隆恩，便不好意思去造反。这一点其实在清代是更加明显的体现出来的，皇帝的女儿不够嫁这样一个事实都能摆在生育能力超强的康熙老爷子面前，足以证明公主的用途是广广的。蒙古的一干王爷都等待着适龄公主通婚，以永结同好，完成两个民族之间的友谊。明朝在开国之际也实行过一段这样的政策，将公主嫁给一些藩臣，大家永结同心，你好我好大家好。可是婚姻就是双刃剑，这些成为皇亲国戚的藩王们造起反来可是一点都不含糊，所谓强强联手大致如此。所以正统以后，便规定，公主只能嫁给家世贫寒，品貌端正的青年才俊们，这些人很少是达官子弟，这一点和我们平常在电视剧里看到的所谓门当户对可是不一样。不过，他们也必须读一点书，因为如果不读书的话陡然而成为全国瞩目的焦点怕他们会骄傲起来，失去翩翩君子的风范。他们被选定为公主未来丈夫的那一刻就要进国子监读书，成为重点被培养对象，而且定期还要参加考试，考试不合格就不会被录用。所以说即便是成为驸马候选人也不过是踏上披荆斩棘的路，尚有雪山未翻，大河未渡，请公主尽量睡死没关系。不过这样严格培养出来的特殊人才在明代是绝对不可以插手政治的，于是只好和公主过着老老实实的日子，直到公主的天荒地老。为什么这样说？因为明朝有规定，如果公主不幸仙逝，则收回所有庄园田产，公主每月的规定给的禄米也会停发，甚至公主的嫁妆也要返还宫中，真是好大一场虚空幻梦。她们的后代虽然说和皇帝陛下有些扯不断的亲戚，但是骤然受穷而扛不住的不在少数。驸马最可怜的是不但要承担丧失妻子的苦痛，还要承受家亡的苦痛，有时候公主的府邸甚至会被侵占，搞得驸马晚境凄凉。后来朝廷下令给驸马保留些护坟香火地，这听起来好凄惨呀。到了清代，才好了一点，公主的动产是要收归内务府，而不动产可以留给驸马大人了。

客观上说，这些条条框框确实保证了公主的一些权益，它也要求丈夫要呵护好自己的妻子，只要她活得长些，那么荣华富贵就不再是浮云了。可是事实证明，明代有一半以上的公主都没有能够和她的男人走到终点。做天下第一女子的老公真的是太难了。

这还不算什么，他们面临最现实的问题在于每次要与自己老婆ooxx之前都要经过一道严格的关卡，一个重磅级人物经常成为前进道路上的绊脚石，刺激得驸马爷兴趣缺失。这个人叫做“管家婆”。这个婆婆是做什么的呢？很简单，她是来做灯泡的。还有最重大的工作就是限制公主与驸马的见面次数。驸马每次要见公主，都要经过这位婆婆同意，而公主每次要见驸马也是一样的道理，而且其实即便是想见也不能够随便说出口，不然会叫人笑话这个公主不矜持。《万历野获编》上说：“必捐数万金，遍赂内外，始得讲伉俪之好。”这管家婆上可以直接奏达天听，下可以约束公主行止动静，即便是公主本人也要敬她三分，否则就有得受了。即便是当时极得皇帝宠爱的郑贵妃之女寿宁公主也没有办法与这个强大势力对抗。有一次明明是这个管家婆去和太监对食大醉，驸马求见不得，反而被她摆了一道，率先奏请说公主是非，导致郑贵妃大怒，不见自己的女儿不说，还处罚这小两口三个月不得见面，生在帝王家的公主，看起来并没有我们想象的那么风光。但是总体来说这样的制度确实大大保证了公主的权益，驸马是万万不敢与公主争吵的，于是清代也延续了这种制度。可惜虽然避免了争吵，也冷落了两个人的感情。公主们常年在矜持中度过，与自己丈夫相见日短，甚至闹出了公主不识驸马面的笑话。在《清朝野史大观》中记载：出嫁一年的大格格跟皇帝哭诉说：“您到底把我嫁给谁了呢？我还一次没有见过呢。”皇帝大为吃惊，后来才发现居然有这样一回事儿，宣称公主可以随便见驸马，才废止了这项古老的规矩。可是公主们就这样被约束着过了几百年了。

明朝的公主们普遍来说口碑还是很好的，虽然是天之骄女，但是温柔贤惠，体贴孝顺，恪守妇道。这多少是与明代对女性的禁锢有着很大关系的，她们作为天下女孩儿的表率也一定要做到这样一点。即便她们见到公婆是不拜的，即便她们的丈夫见到她们是要行礼的，也丝毫不影响她们的“执妇道甚严”。忠贞是必须的，改嫁是没有的，嫁的人是父亲给看中的，没有自己可以挑选的余地，之前的选驸马也都不会有她的参加，之后的婚礼她也只是个扮演者之一。但是既然嫁给这个人了，就要和这个人好好过日子，倘或死了，也要守着灵牌过日子。这点若是被唐代公主知道了一定会不理解的，在她们，改嫁两三次都是正常，更何况还有明代公主守着望门寡呢，比如永宁公主。这位公主的大婚之日看到第一眼的丈夫正在鼻血长流。这并不是被公主的美颜所折服，而是整个人都已经到了死亡的边缘，而太监回去禀报的时候却大赞说驸马脸上挂红是喜兆，可是喜了没两天，驸马爷就一命呜呼了。可怜公主守了二十几年的寡，最后抱恨而逝。很显然，这里面饱含了一些政治上的小阴谋和贪弊之事，因为政治人物的一丝己欲而使得一个花季少女沦为寡妇，这种悲剧不能不说叫人叹息。当然了，一般来说娶到公主还是利大干弊的，娶到公主几乎相当于获得了一块免死金牌，像娶到乾隆十公主的丰绅殷德在即便是家产尽没，父亲和珅被赐自尽的情况下还是稳坐了额驸的位置，保住了半个家园。维护丈夫的尊严是每个妻子应该也是愿意做的事情，所以即便是后来丰绅殷德在国丧期间与别的女人有了孩子，犯了杀头之罪，还是被十公主求情下来，拖着被免去所有官职的丰绅殷德过继续的日子，直到他故去，依旧为他守候到白头。

这就是我们平常所艳羡的公主们，她们生在锦绣堆里，却其实受着这样或者那样的束缚，她们时刻记得自己是天下女孩儿的表率，她们时刻也过着战战兢兢的生活，不能太恃宠自傲，不能太过奢侈浮华。她们在婚姻中虽然享有了更多的呵护，却又接触到最现实的冰冷，她们的内心世界是怎样的没有史笔肯为她们记录，因为她们对于政治来说不重要。她们的中规中矩没有文学肯为她们的生活渲染，因为她们是标本，标本是没有文学意义的。她们有一世的财富却不能保有传之后代，她们有最绚烂的生，死后却不得入皇陵也不能入公婆的祖坟，只能一个人孤魂一样的漂泊，在京畿的一座座公主坟就是她们的相互陪伴，就是这样特殊的一群，叫我不得不把最后一点空间留给她们，去近距离的观察她们的生活，写一点关于她们的小快乐。

正如前面所说，公主在正嫁之前是没有以皇女的面貌呈现的，她们没有自己的封地，也没有自己的府邸，明代公主要生活在自己的母亲身边，如果母亲不幸去世会托付给皇后或者其他嫔妃抚养，但是清代的公主一般是由奶妈抚养长大的。她们的娱乐方式基本上也是要经历琴棋书画这些雅事教育的。但是公主们有着她们的小爱好，比如踢毽子、放飞筝等等这样的小游戏举不胜举，有的时候她们还会养一些小动物。对于声音的收集其实是一种奇怪的爱好，但是不同的虫子发出不同的叫声，通过不同的叫声带给人不同的感受，所谓天籁之音似乎亦不为过。于是捕获、饲养鸣虫是一种乐趣，听着它们发出不同的鸣叫，记住在紫禁城内的那段时光，若干年后重新听到应该是别有一番风味了吧。以小笼放于枕边，聆听夜的寂静与鲜活。另外还有能解语的鹦鹉，它们的陪伴，使得小公主们的童年不会怎样的寂寞吧。经常的诵诗嗟呀，都会被这灵物记住，偶尔吐出一两句，给人惊喜。这不免叫人想起林妹妹廊下的鹦鹉，是它们默默无闻却记录下一个女子闺中的无限寂寞。即便是这个人走了，死了，都还能在它的口中又活过来一样。“花开明年能再发，明年闺中知有谁”，在明清两朝，公主们留到十八九再不嫁那就是了不得的事情了。除了像康熙那样疼爱女儿，唯恐将她们送到沙漠中会受苦的父亲之外，基本上在十三四岁，都开始张罗夫婿，即时出阁了。所以可以说，公主们在皇宫里的岁月是相对短暂的，她们的娱乐项目也无非是一些花花草草、小小的猫猫狗狗。不过到了清代就不能不说说马背上的公主们了。这与在宫廷内饲养一些小动物不一样，马背上的公主们对她们的马情有独钟。这和清人是马背上的民族有关系，他们的女儿也残留着征战的热血，对于马术，御马都很熟练，比如前面提到的嫁给丰绅殷德的乾隆十格格便经常随乾隆去避暑山庄围场打猎。马上的飒爽英姿叫人羡煞，马下的温柔可人又叫人怜爱，这属于马背上的公主终究和中原的公主有着不同之处，这样的爱好也只好教明代公主艳羡了。

但是有一朝的明代公主有自己期待的事情，那便是皇帝陛下开的集市。说起来明代皇帝是很奇怪的皇帝，翻开中国娱乐史，几乎上古流传下来的一些帝王娱乐到了他们这里几乎都成为一种仪式的象征，打打马球，捶捶小泥丸，或者下盘围棋，都只是风雅附庸一下，没有看到一个皇帝会痴迷于此，可是他们有着各种不同的爱好，比如大家都知道的爱做木匠的大名鼎鼎的天启帝明熹宗，还有热爱斗兽事业的正德，他一生荒唐事迹太多，但是对于豹房的热爱不减，最终死于斯，也算是死得其所了。这且不去说，正是这位荒唐的陛下在神武门后面开店做买卖，不但自己假装客人去买东西，还要拉上自己的姐妹、妃嫔诸人，大家一起体验一把民间之乐。这大约是和这位仁兄在民间玩得太撒欢了有关系，可是这样新鲜的玩法儿对于公主们来说也算是百年不遇吧。于是她们终于恢复了女孩子最本真的一面，过足了购物瘾，还正经地学着皇帝陛下跟人家讲价，最后那种胜利的喜悦短暂而永远地留在她们的公主人生当中。

明清两代因为定都北方，所以对于冰雪有着特别的爱好。明宫内的“冰床”游戏是十分流行的，《依晴阁杂钞》记载：“明时积水潭，常有好事者联十余床，携都篮酒具，铺氍毹其上，轰饮冰凌中以为乐。诚豪侠快事。”这样的玩法实在豪迈，对于女孩子来说有些夸张，她们来玩的是坐在这种冰床上，由人拖着飞一样地向前走。这种娱乐方式已经算是很刺激的游戏了，在十冬腊月里，听着碾动雪花的脚步声，看着周围凋谢的枯木，湛蓝的天空，呼吸着凛冽的空气，被众多侍卫簇拥着，应该说是童年难忘的记忆了。当然，出嫁的公主们也会被召集回来参与盛会，比如清末慈禧当政之际，便要求格格、各种命妇进入宫中陪老佛爷一起来玩冰床这种游戏。老佛爷特地懿旨说，三个人一个冰床，由两个太监拖着，格格们可以跑在我前面，而其他人不成。就这样大家开始的时候还是慢慢地被拉着，而之后速度越来越快，三个挤在一起的格格们应该是快乐的要飞上天了吧？冰场上一片欢声笑语。之后老佛爷居然还有娱乐项目。她叫太监搬来五千块银元，每个人都分到一部分拿在手里，她老人家一声令下，大家就一起往湖中心抛，这银元借着冰的光滑自然滚得很远，这个时候大家要奋勇向前的去抢这些钱了。可怜那些穿着花盆底的格格们自然被摔得花枝烂颤，可是并不是缺那几个钱，只是一者是一种很有趣的事情，二者背后太后老佛爷正看得开心呢。于是大家也不顾怎样的体面，一时抢作一团，跌做一团，摔得身上也疼了，笑得肚子也疼了，这样的欢乐飘荡在冬季的冷寂中，也不乏是一种开心呀。

当然，冰上还有很多项目，但是那时的公主们就是作为观赏者了。比如冰上蹴鞠，这种很暴力很需要体能的游戏是不适合公主们的，即便是天足的满族格格也不行。再比如冰上杂技，那些艰难技巧，虽然看得公主们目瞪口呆，但是绝不会凭借着敢踩花盆底的勇气就上去表演金鸡独立、鹞子翻身的。但是这种观赏已经成为定例，而且还有人喜欢发明创造一些新的观赏游艺，这个人就是——慈禧。真是看出殡的不怕病大，她老人家建议在冰上浇注出冰山，然后使得一些勇猛健儿穿着带猪毛的皮履从上面飞速地滑下去。这种游戏其实笔者童年曾经玩过，说起来对于女孩子难度也不是很大，但是前提是，要坐着，而且冰山不要太高。可是慈禧太后要求的是站着，高三四丈。这是项向杂技靠拢的游戏了，但是我估计能够在慈禧面前摔得鼻青脸肿的人还是少数，大多数精彩地完成了任务，领到了犒赏。这种游戏对于居住深宫，在数九寒天无处休闲的格格们来说也算是件大有趣的事情了。

随着国门的逐渐打开，一位奇特的公主出现为最后的公主世界中带来了新鲜的游艺。她的名字叫做德龄。这位被称为公主的传奇一样的女子其实是亲王之女，但是在皇帝长期无后的情况下，她也被纳入到了公主这个体系当中来。这位从法国归来的奇女子确实为大清宫廷增添了许多新鲜。她为太后慈禧染头，为皇帝陛下演奏钢琴，带来大清深宫一种新鲜时尚。她甚至和慈禧讨论路易十五的高跟鞋问题，真是八卦年年有啊。对于她的到来，慈禧有着自己的打算，一方面是需要一个人来讲一下西洋究竟是什么样子，二来也是想告诉世人，中国人不单单是跑去外国留学的留学生的样子，或者逃难到国外的那些瘪三的样子，而是中国贵族究竟是怎么活着的。处于这种碰撞，她能接受德龄带来的照相技术，也能接受她的一些新鲜的思想。

当然，她也教会德龄一些在宫中的女子会玩的游艺。这种沟通在慈禧的生命中应该是很少的。像她们共同玩的《八仙过海》，就是一种类似于大富翁之类的游戏。这种游戏可以八个人玩，也可以四个人玩，它用八仙来做棋牌，如果八个人则每人一张，而四个人就每个人两张。掷骰子来决定怎么数字。这个游戏的棋盘图居然是中国地图，筛子的不同数字代表不同的城市省份，比如三十六这样的大数就代表一个很好的城市——杭州。想来也只有皇家敢玩这种游戏吧。这种棋的胜利就是把全国都走遍，倒是一个了解各地风物的好游戏。可惜慈禧教了很多次身边的女眷，但是也许是因为识字量或者害怕于慈禧太后的淫威，不知道这种凭运气的游戏怎么让输，所以最后都未果。遇见这个懂事聪慧又和自己没有任何利益冲突的德龄，慈禧仿佛找到了知音一般，将这种独创游戏教给了德龄，在裕德龄的《清宫二年记》上有着详细的记载。这位后来的旅美作家保存下了古代宫廷中最后那点女子游艺，也算是一位公主对于古代女子游艺的一点点贡献了。

不过德龄公主带来的舞蹈技艺虽然受到慈禧的好评，却并不能够在后宫内引领风潮，因为这种舞蹈需要的配乐不是中式的，是西洋的，而其舞蹈的自娱性要远远大于它的娱人性，它不是很符合中国人的习惯。所以这种没有被推广的舞蹈只能说稍微进入了宫廷之内，作为某位人士的特殊爱好留存，但是作为女子游艺来说，倘或封建王朝继续存在，它是否会发展下去，还是一个谜。

另外德龄公主带来的照相、芭蕾舞、钢琴等游艺，新奇而吸引着紫禁城内的人们，尤其是慈禧，对她带来的东西往往没有什么坏的评价，并乐得参与其中。而光绪皇帝对于钢琴的痴爱也使得这样一位被幽禁、被操控的皇帝有了另外真实的一面得以展现在世人面前。西式的风浪不断地侵袭着后宫，改变着女子们的生活习惯，游艺类型，可惜，那不过是残阳里的最后一点光芒，即便是后来紫禁城里安装了电话，削去门槛可以骑自行车，也不会再有一位公主同着她的步伐一如大唐吸收了马球一般，再吸纳下一桩桩来自西方的游艺了。

公主的时代，远去着。

中国古代的女子游艺来自于不同的阶层，不同的方式，但是多多少少都会带着女子的气息与古典的味道，它们是一种独特的宝贵财富留藏在古典时代的大门里，当我们每次开启它，都会获得不同的收获。我们可以把它们变成时尚，变成一种锻炼身体，抵制肥胖和亚健康的游艺；也可以用它们代替每天都面对的电脑电视，而换一种古典的方式来放松心情；也可以在聚会的时候开启一种古典的群体性游戏，等等，等等，一切是因为它们有着渐行渐远的新鲜，也因为我们前世的灵魂曾经被它们吸引过。

编后记

在内心深处，总觉得，时尚是一种生活，或者确切一点，是一种生活方式。而历史，这不是单薄的我谈得起来的，我只是喜欢穿梭在琐碎的记载中，寻找我热爱的那些个人的可能的生活细节，因为我总想穿越到他们身边去看看他们到底是怎样的一种存在。

记得一个朋友说过：单看史书的话，我们看到的基本上都是功业，或者说大事年表。好的史家多多少少能给我们看到一点人的个性，而官修历史之后，渐渐的，连个性都看不清楚了，于是古人就显得平面，显得遥远，显得除了做大事之外，就没有别的生活。也因之，叫人感觉不能亲近。所以她喜欢从各路资料最微小的细节入手，搜寻历史及历史中人的“个性”，甚至是他们的“表情”，因为古人是在“生活”而不仅仅是在“建功”。

能够留在纸上的历史中人的生活，在他们那个时期未尝不是一种“时尚”，而在今天，有些只是故纸堆中的一声轻叹，有些我们还在同样或别样的“时尚”演绎着。

比如我们平常使用的名片，战国时期就有了，那会儿称谒，主要写名字以及介绍文字。到东汉时改称“刺”，材质还都是竹木片之类，也就是这时起，有人开始添官职、年龄等内容，专供拜见上峰，名曰“爵里刺”。而且还有了固定的格式。比如朱然墓中出土的“朱然谒”，长24.8厘米，宽9.5厘米，厚3.4厘米，是经过抛光的木板未加髹漆，靠右侧近边处有行小字，“持节右军师左大司马当阳侯丹阳朱然再拜”。

于是热爱三国时代的我翻着《三国志·蜀书》不厚道地想，刘备定蜀，掌军中郎将董和与军师将军诸葛亮并署左将军大司马府事，二人地位相当。那《董和传》的记载“……又董幼宰参署七年，事有不至，至于十反，来相启告”，就可能有这样的情景出现，董和为一件事找诸葛亮商榷，但是一直没达成共识，于是接二连三地找诸葛亮，诸葛亮实在被纠缠郁闷了，闭门不见，于是董和向诸葛亮递刺，诸葛亮觉得不好意思，于是退还董和的刺，两人继续纠缠。

而到章武元年，丞相诸葛亮，如果他足够自恋，他的刺就可以是“丞相武乡侯录尚书事领益州牧琅琊诸葛亮”，但是这样帅气的刺，递给谁呢，昭烈和后主么，似乎又不合人情。于是浮想联翩地翻着书，在《许靖传》中发现这样一句：“靖虽年逾七十，爱乐人物，诱纳后进，清谈不倦。丞相诸葛亮皆为之拜。”大约这诸葛丞相的刺，也只有许靖大人有幸收藏了。

到了唐宋，随着官僚制度的发展，名片也有了新的变化，宋人洪迈说“国朝官制，沿晚唐、五代余习，故阶衔失之冗赘”，并举出李端愿长达四十一字的头衔——“镇潼军节度观察留后、金紫光禄大夫、检校刑部尚书、使持节华州诸军事、华州刺史，兼御史大夫、上柱国”，这要是在今天印成名片，该是怎样的一种壮观与为难。然而这样长的头衔在唐宋并不稀罕，因为这不过是唐宋官僚制度发展的一个副产品罢了。

从名片可以到人，可以到一种生活细节，还可以到一种制度，到社会发展。我喜欢这样的细节，喜欢诸如此类的联系，喜欢搜罗各种的历史生活，因为我觉得这也是一种时尚。

于是和我的作者们“献可替否，共为欢交”，渐渐地有了一个思路，最后由这些真正有爱又有才的作者们，将这些细节一一展现出来，于是就有了“时尚历史”这样一个书系。

在此，我特别感谢这些可爱的作者们。

我期待作为读者的您会喜欢这套书，因为我真的很喜欢。

刘玮

2011 年 3 月